Apologia cristiana

Giustino di Nabus

Libro pubblicato da LIMOVIA.NET

TWITTER: @EBOOKLIMOVIA

isbn: 9781490590387

Pilato, visto che non otteneva nulla, anzi che il tumulto cresceva sempre più, presa dell'acqua, si lavò le mani davanti alla folla: «Non sono responsabile, disse, di questo sangue; vedetevela voi!». E tutto il popolo rispose: «Il suo sangue ricada sopra di noi e sopra i nostri figli».

Matteo 27:24,25

L'Autore: Giustino di Nabus

Giustino di Nablus (Flavia Neapolis, 100 – Roma, 162/168) è stato uno dei primi filosofi cristiani, nonché uno dei primi apologeti cristiani, autore della Prima apologia dei cristiani e della Seconda apologia dei cristiani, a lui dobbiamo anche la più antica descrizione del rito eucaristico.

È venerato come santo dalla Chiesa cattolica, che lo annovera tra i Padri della Chiesa, e dalla Chiesa ortodossa. La memoria si celebra il 1º giugno.

Giustino, che spesso si dichiarava in verità samaritano, visto il suo nome e il nome di suo padre - Bacheio - sembra piuttosto di origini latine o greche. La sua famiglia probabilmente si era stabilita da poco in Palestina, al seguito degli eserciti romani che qualche anno prima avevano sconfitto gli Ebrei e distrutto il Tempio di Gerusalemme.

Come riferisce Giustino stesso nel Dialogo con Trifone, venne educato nel paganesimo ed ebbe un'ottima educazione che lo portò ad approfondire i problemi che gli stavano più a cuore, quelli riguardanti la filosofia. Racconta che la sua smania di verità lo portò a frequentare molte scuole filosofiche. Presso gli stoici non trovò giovamento, in quanto il problema di Dio, per questa filosofia, non era essenziale. Poi frequentò la scuola peripatetica, ma anche presso questi filosofi non trovò quanto cercava. Si recò presso un filosofo pitagorico che lo sollecitò dunque ad approfondire le arti della musica, dell'astronomia e della geometria. Ma Giustino, troppo concentrato nel voler raggiungere la "verità" e la "conoscenza di Dio", reputava tempo sprecato il soffermarsi su tali materie.

Da ultimo frequentò una scuola platonica; un maestro di questa filosofia era da poco giunto nel suo paese e presso questa corrente filosofica trovò quanto credeva di cercare. «Le conoscenze delle realtà incorporee e la contemplazione delle Idee eccitava la mia mente...», dice Giustino. Si convinse che questo lo avrebbe portato presto alla "visione di Dio", che considerava essere lo scopo della filosofia. Decise di ritirarsi in solitudine lontano dalla città, ma in questo luogo appartato incontra un anziano, con cui inizia un serrato dialogo, incentrato su Dio e su cosa fare della propria vita. Dopo aver dichiarato all'anziano la sua idea di Dio «Ciò che è sempre uguale a sé stesso e che è causa di esistenza per tutte le altre realtà, questo è Dio», l'anziano lo porta a ragionare su di un aspetto che forse a Giustino era sfuggito: come possono i filosofi elaborare da soli un pensiero corretto su Dio se non l'hanno né visto né udito? E porta il giovane a meditare sulle persone considerate "gradite a Dio" e dallo stesso "illuminate", i Profeti, che nel tempo avevano parlato di Dio e "profetizzato in Suo nome", in particolare la "venuta del Figlio nel mondo" e la possibilità "attraverso di Lui" di avere una "vera conoscenza del divino".

Dopo questa esperienza, Giustino si converte al Cristianesimo e per tutto il resto della sua vita educherà i discepoli, utilizzando gli stessi schemi usati dalle altre scuole filosofiche. Oltre a questo incontro, che fu decisivo per la sua conversione, Giustino indica anche un altro fatto che lo rinfrancava nella fede: «Infatti io stesso, che mi ritenevo soddisfatto delle dottrine di Platone, sentendo che i cristiani erano accusati ma vedendoli impavidi dinanzi alla morte ed a tutti i tormenti ritenuti terribili, mi convincevo che era impossibile che essi vivessero nel vizio e nella concupiscenza».

Giustino viaggiò molto, andò a Roma una prima volta e quando ritornò vi aprì una scuola filosofica a impronta cristiana, i suoi insegnamenti insistevano molto sui fondamenti razionali della fede cristiana. Questo approccio, molto diverso da quelli tradizionali, suscitò numerose controversie sia con gli stessi cristiani sia con alcuni filosofi, specialmente con Crescenzio il cinico.

La sua fede lo porterà a subire pure lui una morte violenta. Fu condannato a morte da Giunio Rustico che era prefetto di Roma e amico dell'imperatore Marco Aurelio, fra il 163 e il 167, con queste parole:

« Coloro che si sono rifiutati di sacrificare agli dèi e di sottomettersi all'editto dell'imperatore, siano flagellati e condotti al supplizio della pena capitale, secondo le vigenti leggi. »

Di questo processo esiste ancora il verbale: Martyrium SS.Justini et sociorum VI. Giustino venne decapitato assieme ai suoi discepoli, Caritone e sua sorella Carito, Evelpisto di Cappadocia, Jerace di Frigia (schiavo della corte imperiale) e Peone.

A Giustino si deve la più antica descrizione della liturgia eucaristica. Egli fu il primo ad utilizzare la terminologia filosofica nel pensiero cristiano ed a conciliare fede e ragione. Si schierò duramente contro la religione pagana ed i suoi falsi miti mentre privilegiò l'incontro con il pensiero filosofico.

La Prima apologia dei cristiani è indirizzata all'imperatore Antonino Pio e al Senato romano. In essa compare un tema che sarà ampiamente sviluppato dall'apologetica cristiana, cioè la critica della prassi diffusa presso i tribunali romani, per la quale il solo fatto di appartenere alla religione cristiana era motivo sufficiente di condanna.

Giustino inoltre polemizza con i pagani riguardo ad alcune contraddizioni interne alla società romana, per esempio fa notare come, mentre i cristiani sono condannati a morte perché ritenuti atei, vari filosofi greci e latini sostengono apertamente l'ateismo senza conseguenze.

Interessante, poi, è il fatto che Giustino citi abbondantemente vari brani dei vangeli sinottici per esporre le dottrine cristiane; ancor più notevoli sono i tentativi dell'apologeta per convincere i pagani della verità del Cristianesimo attraverso le citazioni di autori classici sia di filosofia (come Socrate e Platone) che di mitologia (come Omero e la Sibilla) che vengono accostati a brani dei vangeli o dell'Antico Testamento.

L'opera si conclude con una petizione che contiene una lettera dell'imperatore Adriano, la quale serve a Giustino per mostrare come anche un'autorità imperiale era del parere di giudicare i cristiani in base alle loro azioni e non in base a dei pregiudizi; ed una lettera dell'Imperatore Marco Aurelio e del "Miracolo della pioggia" durante le guerre marcomanniche.

Oltre alle già citate Prima apologia dei Cristiani (greco Ἀπολογία πρώτη ὑπὲρ Χριστιανῶν πρὸς Ἀντωνῖνον τὸν Εὐσεβῆ; latino Apologia prima pro Christianis ad Antoninum Pium) e Seconda apologia dei Cristiani (greco Ἀπολογία δευτέρα ὑπὲρ τῶν Χριστιανῶν πρὸς τὴν Ρωμαίων σύγκλητον, latino Apologia secunda pro Christianis ad Senatum Romanum), Giustino scrisse il Dialogo con Trifone (greco Πρὸς τρυφῶνα Ἰουδαῖον διάλογος, latino Cum Tryphone Judueo Dialogus), opera dedicata a un certo Marco Pompeo. Il tema è il confronto con il giudaismo, con il quale i cristiani avevano in comune l'Antico Testamento, un terreno utile per un dialogo. Si tratta di un dibattito che si svolge ad Efeso nell'arco di due giorni e vede protagonisti Giustino e Trifone, nel quale è stata individuata da alcuni storici la personalità di un rabbino realmente esistito. Lo scopo di questo dialogo è mostrare la verità del cristianesimo, rispondendo alle principali obiezioni mosse dagli ambienti giudaici. In particolare,

Giustino vuole dimostrare che il culto di Gesù non mette in discussione il monoteismo e che le profezie descritte nell'Antico Testamento si siano avverate con l'avvento di Cristo. Il dialogo assume toni sempre rispettosi e amichevoli e non si conclude, com'era consuetudine per gli scritti cristiani, con la richiesta da parte del giudeo del battesimo. A tal proposito, alcuni studiosi si sono chiesti se effettivamente le motivazioni portate avanti da Giustino in questo dialogo fossero valide a convertire un giudeo. Sembra piuttosto verosimile, invece, che quest'opera sia una risposta di Giustino ai dubbi che i cristiani stessi del tempo nutrivano verso la loro fede. Il Dialogo con Trifone, la Prima apologia dei cristiani e la Seconda apologia dei cristiani, ci sono pervenute in un manoscritto del 1364, conservato a Parigi.

Apologia prima

Indirizzo

I. - 1. All'imperatore Tito Elio Adriano Antonino Pio Cesare Augusto e al figlio Verissimo filosofo, ed a Lucio, figlio del Cesare filosofo e, per adozione, del Pio, amante del sapere, al Sacro Senato ed a tutto il popolo romano.

2. Io, Giustino, di Prisco, figlio di Baccheio, nativi di Flavia Neapoli, città della Siria di Palestina, ho composto questo discorso e questa supplica, in difesa degli uomini di ogni stirpe ingiustamente odiati e perseguitati, io che sono uno di loro.

II.- 1. La ragione suggerisce che quelli che sono davvero pii e filosofi onorino e amino solo il vero, evitando di seguire le opinioni degli antichi qualora siano false. Infatti la retta ragione suggerisce non solo di non seguire chi agisce o pensa in modo ingiusto, ma bisogna che in ogni modo e al di sopra della propria vita, colui che ama la verità, anche se è minacciato di morte, scelga sia di dire sia di fare il giusto.

2. Voi dunque godete in ogni luogo la fama di essere

pii e filosofi e custodi della giustizia e amanti della sapienza: se poi davvero anche lo siete, sarà dimostrato.

3. Eccoci infatti dinanzi a voi non per adularvi attraverso questi scritti né per parlarvi in modo accattivante, ma per chiedervi di pronunciare il giudizio secondo il criterio di un attento e preciso esame, senza attenervi a pregiudizi né al desiderio di piacere a gente superstiziosa: ritorcereste la condanna contro di voi stessi, con un comportamento irragionevole e seguendo una cattiva fama ormai inveterata.

4. Noi infatti siamo persuasi che non possiamo subire alcun male da alcuno, a meno che si provi che siamo operatori di malvagità o che si riconosca che siamo malvagi: voi potete sì ucciderci, ma non nuocerci.

Esaminare le accuse

III.- 1. Ma affinché nessuno pensi che queste siano parole senza senso e temerarie, riteniamo giusto che siano prese in esame le accuse mosse ai cristiani, e che, qualora esse si dimostrino rispondenti al vero, siano puniti come conviene punire i convinti colpevoli; se invece non si può provare nulla, la vera ragione non consente di trattare ingiustamente, a causa di una cattiva fama, uomini innocenti: o meglio, trattare ingiustamente voi stessi, che ritenete giusto intervenire (penalmente) secondo un impulso irrazionale anziché secondo un giudizio di discrezione.

2. Chiunque sia saggio dimostrerà bella e giusta solo questa richiesta, che i sudditi rendano conto delle proprie azioni e delle proprie parole, come irreprensibili; e che, a loro volta, i governanti giudichino non secondo violenza o tirannicamente, ma seguendo pietà e sapienza. In tale modo sia i governanti sia i sudditi potrebbero godere della felicità.

3. Disse in un passo anche uno degli antichi: "Se e governanti e sudditi non sono filosofi, non è possibile che le città siano felici.

4. Nostro dovere, dunque, è di offrire a tutti la prova della nostra vita e delle nostre dottrine, affinché per

colpa di coloro che vogliono ignorare quanto ci riguarda, proprio noi non paghiamo il fio di colpe che essi commettono per cecità; quanto a voi, è vostro dovere - secondo quanto richiede la ragione - dimostrarvi buoni giudici, ascoltandoci.

5. Ingiustificabile sarà in seguito la vostra azione dinanzi a Dio se, dopo aver conosciuto i fatti, non agirete secondo giustizia.

Non è accettabile la condanna del Solo "nome" cristiano

IV. - 1. L'appellativo di un nome non si giudica né buono né cattivo, senza i fatti che sottostanno al nome stesso; del resto, per quanto attiene al nostro nome che ci viene contestato, noi siamo ottimi.

2. Ma se, da una parte, non riteniamo giusto chiedere di essere assolti a causa del nome, qualora si dimostri che siamo colpevoli, così, d'altra parte, se non si trovano prove che commettiamo del male a causa del nome con cui siamo chiamati e di come viviamo, è vostro dovere adoperarvi per non dover pagare il fio alla giustizia per il fatto di punire ingiustamente coloro la cui colpevolezza non è provata.

3. Infatti non sarebbe ragionevole che dal nome derivasse o lode o biasimo, se non si potesse dimostrare dalle opere la bontà o la malvagità di una cosa.

4. Infatti non siete soliti condannare tutti coloro che sono accusati davanti a voi, prima che siano convinti di colpa. Invece, nei nostri confronti, usate il nome come prova, mentre, per quanto riguarda il nome, dovreste piuttosto punire i nostri accusatori.

5. Infatti ci si accusa di essere cristiani: ma non è giusto odiare ciò che è buono.

6. Viceversa: se uno degli accusati nega, a parole, affermando di non esserlo, voi lo lasciate andare libero, come se non aveste nulla di cui accusarlo come colpevole; se invece uno ammette di esserlo, voi lo punite per la sua ammissione. Bisogna invece esaminare la vita, sia di colui che confessa sia di colui che nega, affinché appaia chiaro, attraverso le opere, come ciascuno sia.

7. Come, infatti, alcuni, appreso dal maestro Cristo a non negare, quando sono interrogati offrono buon esempio, allo stesso modo altri, vivendo male, offrono un'occasione a quelli che intendono accusare indiscriminatamente tutti i cristiani di empietà e di ingiustizia.

8. Ma neppure questo è giusto! Infatti, si pongono l'etichetta ed assumono l'atteggiamento di filosofi certuni che non compiono nulla degno di tale professione. Sapete come con l'unica denominazione di filosofi siano chiamati, tra gli antichi, anche uomini che hanno professato ed insegnato teorie opposte.

9. Alcuni di costoro insegnarono l'ateismo, ed i poeti proclamano che Zeus è dissoluto, insieme ai suoi figli; eppure coloro che seguono gli insegnamenti di quelli non sono da voi imprigionati, anzi stabilite premi ed onori a chi, con belle parole, oltraggia questi dèi.

L'influsso dei demoni

V. - 1. Che significato può dunque avere ciò? Per noi, che professiamo di non commettere alcun male né di seguire tali dottrine atee, voi non apprestate processi regolari, ma, spinti da irragionevole passione e dalla sfera dei demoni malvagi, ci condannate senza processo e senza riflessione.

2. Ma la verità sarà proclamata! Poiché anticamente cattivi demoni, facendo apparizione, violarono donne, corruppero fanciulli e mostrarono paurose visioni agli uomini, tanto che ne erano spaventati costoro, che non erano capaci di giudicare i fatti che capitavano con il lume della ragione, ma, preda della paura ed ignorando che quelli fossero demoni cattivi, li chiamavano dèi e ciascuno col nome che ciascun demone si assegnava.

3. Quando poi Socrate con discorso ispirato alla verità e alla critica cercava di porre in chiaro questi fenomeni, e di allontanare gli uomini dai demoni, questi demoni, per opera di uomini che si compiacciono del male, fecero sì che anche lui fosse ucciso come ateo ed empio.

Affermarono che voleva introdurre nuovi demoni: nello stesso modo operano nei nostri confronti.

4. Infatti non solo tra i Greci queste menzogne furono confutate dalla ragione attraverso Socrate, ma anche

fra i barbari dal Logos in persona, che prese forma e divenne uomo e si chiamò Gesù Cristo: obbedendo a Lui noi diciamo che i demoni, i quali hanno operato in codesto modo, non solo non sono buoni, ma sono cattivi ed empi, poiché non compiono nemmeno azioni simili agli uomini amanti della virtù.

È ingiusto affermare che i cristiani sono atei

VI. - 1. Di qui ci è anche derivata l'accusa di atei. Certo ammettiamo di essere tali rispetto a questi supposti dèi, ma non certo rispetto a Dio verissimo, padre di giustizia e di sapienza e di ogni virtù, e immune da malvagità.

2. Lui veneriamo e adoriamo, e il Figlio che da Lui è venuto e che ci ha insegnato queste dottrine, con l'esercito degli altri angeli buoni che Lo seguono e Lo imitano e lo Spirito Profetico: li onoriamo con ragione e verità trasmettendo con generosità quanto abbiamo imparato a chiunque voglia apprenderlo.

VII. - 1. Ma - dirà qualcuno - è già accaduto che alcuni, arrestati, siano stati dimostrati colpevoli.

2. Certo: ogni volta che esaminate la vita degli accusati, spesso voi ne condannate molti, ma non certamente a causa di chi è stato accusato in precedenza.

3. Siamo perfettamente d'accordo anche su questo: che, come tra i Greci quanti professano dottrine a loro gradite sono chiamati con l'unico nome di filosofi, anche se le loro teorie sono contrastanti, così vi è una sola denominazione comune, d'imputazione, anche per quanti, tra i barbari, vissero e furono considerati sapienti: sono tutti chiamati cristiani.

4. Per questo riteniamo giusto che siano prese in esame le azioni di quanti sono denunziati dinanzi a voi, affinché colui che è giudicato reo sia punito in quanto colpevole, non in quanto cristiano. Se poi uno è innocente, sia liberato in quanto cristiano innocente.

5. Noi non pretenderemo che arriviate a punire gli accusatori: a loro bastano, infatti, la malvagità che hanno in sé e l'ignoranza del bene.

No alla menzogna!

VIII. - 1. Considerate che per il vostro bene noi diciamo queste cose, dal momento che dipenderebbe da noi negare quando siamo sottoposti a giudizio.

2. Ma noi non vogliamo vivere col dire menzogne. Infatti, bramando la vita eterna e pura, noi aspiriamo al soggiorno con Dio Padre e Creatore di tutte le cose e ci affrettiamo a confessare, persuasi e fiduciosi che questo possano ottenere coloro che con le loro opere, dimostrano a Dio di averlo seguito e di aver desiderato di vivere con Lui, là dove il male non ha più potere.

3. Dunque, per dirla in breve, è questo quanto noi ci aspettiamo ed abbiamo appreso da Cristo, e che insegniamo.

4. Similmente Platone sosteneva che Radamante e Minosse puniranno i malvagi che giungeranno dinanzi a loro. Noi diciamo che accadrà lo stesso fatto, ma per opera di Cristo, e nei loro stessi corpi, unitamente alle anime di quelli, condannate alla pena eterna, e non solo della durata di mille anni, come egli sosteneva.

5. Se, dunque, qualcuno dirà che questo non è credibile o non è possibile, tale errore riguarda noi e non altri, fino al momento in cui ci si dimostri, nei fatti, colpevoli di qualche delitto.

Assurdità dell'idolatria

IX. - 1. Ma né con frequenti sacrifici né con corone di fiori noi onoriamo quelli che gli uomini, dopo averli effigiati e posti nei templi, chiamarono dèi, poiché sappiamo che sono oggetti inanimati e morti e privi della forma di Dio (infatti pensiamo che Dio non abbia una forma tale quale alcuni dicono di aver imitato per onorarli), ma hanno il nome e la forma di quei malvagi demoni che sono apparsi.

2. Ma che bisogno c'è di dire a voi, che ben lo sapete, in quale modo gli artisti trattano la materia, scolpendo e tagliando e fondendo e battendo? Spesso, perfino ad oggetti vili, dopo aver cambiato solo la forma e aver loro dato una figura, pongono il nome di dèi.

3. Il che non solo noi riteniamo irragionevole, ma anche offensivo di Dio, il quale, dotato di gloria ed aspetto ineffabili, in questo modo darebbe nome ad oggetti corruttibili e bisognosi di cura.

4. E che gli artefici di tali oggetti siano dissoluti e che possiedano i vizi tutti quanti (per non annoverarli ad uno ad uno), voi lo sapete bene; corrompono anche le giovani schiave che lavorano con loro.

5. Quale demenza scegliere uomini dissoluti per plasmare e creare dèi da offrire alla venerazione, e porre simili guardie a custodia dei templi dove essi sono collocati, non vedendo che è scelleratezza

pensare e dire che degli uomini siano custodi di dèi!

Superiorità della fede in Dio

X. - 1. Noi invece abbiamo appreso che Dio non ha bisogno di offerte materiali da parte di uomini, dal momento che vediamo che è Lui stesso a somministrare ogni cosa; abbiamo imparato, e ne siamo convinti e crediamo, che Egli accoglie solo coloro che imitano il bene che è in Lui, cioè sapienza e giustizia e benignità, e tutto ciò che è proprio di Dio, il quale non può prendere alcun nome che Gli si imponga.

2. Abbiamo appreso anche che Egli, in quanto è buono, ha creato in principio tutte le cose dalla materia informe per gli uomini; e se questi si mostreranno, nei fatti, degni del Suo volere, abbiamo appreso che diverranno degni di vivere con Lui regnando insieme con Lui, resi incorruttibili ed immuni dal dolore.

3. Come infatti, all'inizio, trasse alla vita chi non esisteva, così riteniamo che saranno giudicati degni dell'immortalità e della vita presso di Lui coloro che, nelle loro scelte, preferiranno ciò che Gli è gradito.

4. Incominciare ad esistere non dipendeva da noi; ma seguire ciò che gli è caro, scegliendo con le facoltà razionali di cui Egli stesso ci fece dono, questo sì ci persuade e ci conduce alla fede.

5. E crediamo che sia un vantaggio per tutti gli

uomini non essere impediti dall'imparare queste dottrine, ma anzi essere spinti verso di esse.

6. Quanto infatti non furono in grado di fare le leggi umane, lo avrebbe compiuto il Logos divino, se i cattivi demoni non avessero disseminato menzogne ed empie accuse prendendo come alleate le passioni, che in ognuno sono del tutto malvagie e per natura varie. Ma nessuna di queste accuse ci riguarda.

XI. - 1. E voi, sentito dire che noi attendiamo un regno, senza riflessione avete supposto che parlassimo di un regno umano, mentre parliamo di quello divino, come appare anche dal fatto che, interrogati da voi, confessiamo di essere cristiani, pur sapendo che per chi confessa è riservata, come pena, la morte.

2. Se, infatti, ci attendessimo un regno terreno, negheremmo per non essere uccisi e cercheremmo di vivere nascosti per conseguire il nostro scopo: ma, dal momento che abbiamo le speranze rivolte non al presente, non ci diamo pensiero di coloro che ci uccidono: in ogni modo si deve morire.

Siamo vostri alleati per la pace

XII.- 1. Più di tutti gli uomini noi vi siamo utili ed alleati per la pace, dal momento che questo è il nostro pensiero: è impossibile che sfugga a Dio il malfattore o l'avido o l'insidiatore, o anche l'uomo virtuoso, e ciascuno va verso un'eterna pena o salvezza, secondo che meritano le sue azioni.

2. Se tutti gli uomini conoscessero queste verità, nessuno sceglierebbe il male per poco tempo, sapendo di avviarsi alla condanna eterna attraverso il fuoco, ma con ogni mezzo si imporrebbe una disciplina e si adornerebbe di virtù per ottenere i beni che provengono da Dio e tenersi lontano dalle punizioni.

3. Infatti coloro che, a motivo delle leggi da voi imposte, cercano di nascondersi e compiere il male - essi compiono il male perché sanno che è possibile occultarsi a voi che siete uomini -, se comprendessero, e fossero persuasi, che è impossibile che a Dio sfugga qualcosa, non solo compiuto ma anche pensato, anche per le pene minacciate dall'alto sarebbero, sotto ogni aspetto, cittadini onesti, così come anche voi consentirete.

4. Ma sembra che voi temiate che tutti agiscano rettamente e che non abbiate poi più chi punire: ma questo sarebbe proprio da carnefici, non di buoni

principi!

5. Noi siamo persuasi che anche questo sia opera di demoni malvagi - come abbiamo detto sopra -, i quali pretendono sacrifici e culto da parte di uomini che non vivono secondo ragione; ma non possiamo supporre che agiate irrazionalmente voi che ricercate pietà e filosofia.

6. Se poi anche voi, come gli sciocchi, stimate le usanze più della verità, fate pure quel che potete; anche i potenti, quando antepongono l'opinione alla verità, possono tanto quanto dei ladri in un deserto.

7. Ma il Logos dimostra che non otterrete buoni auspici, quel Logos di cui sappiamo che, dopo Dio che l'ha generato, non esiste alcuna autorità più regale e più giusta.

8. Come infatti tutti evitano di ricevere in eredità dal padre povertà o dolori o cattiva fama, così pure il saggio non sceglierà ciò che il Logos suggerisce non doversi scegliere.

9. Che tutto questo avverrà, lo predisse - posso affermarlo - il nostro Maestro, figlio ed inviato del Padre e Signore dell'universo, Gesù Cristo, dal quale abbiamo derivato anche il nome di cristiani.

10. Di conseguenza siamo anche ben fermi in tutto ciò che ci è stato insegnato da Lui, poiché i fatti confermano che si compie tutto quanto Egli aveva predetto. Ed è certo opera di Dio sia predire le cose prima che avvengano sia mostrare che sono accadute

conforme alla predizione.

11. Potremmo dunque anche a proposito di questi fatti terminare senza aggiungere altro, consci di chiedere cose giuste e vere: ma poiché sappiamo che non è facile che un'anima preda dell'ignoranza si trasformi in breve tempo, abbiamo pensato di aggiungere qualche breve argomentazione per persuadere gli amanti della verità, sapendo che non è impossibile fugare l'ignoranza, se le si contrapponga la verità.

Noi non siamo atei

XIII. - 1. Dunque, quale persona ragionevole non ammetterà che noi non siamo atei, dal momento che veneriamo il creatore di questo universo e diciamo che Egli non ha bisogno di sangue e di libagioni e di profumi, come ci è stato insegnato, e Lo lodiamo, per quanto possono le nostre forze, con espressioni di preghiera e rendimento di grazie per tutto ciò che ne riceviamo, poiché sappiamo che il solo onore degno di Lui è non consumare nel fuoco ciò che da Lui ci viene per il nostro sostentamento, ma distribuirlo fra noi stessi e a quanti ne hanno bisogno?

2. Sappiamo essergli grati, innalzandogli lodi e inni per essere stati creati e per tutti i mezzi atti a procurarci benessere per tutte le qualità dei prodotti e la varietà delle stagioni, ed elevandogli preghiere per vivere poi nell'incorruttibilità, a nostra volta, attraverso la fede in Lui.

3. Dimostreremo poi che a ragione noi veneriamo Colui che ci è stato maestro di queste dottrine, e per questo è stato generato, Gesù Cristo, crocifisso sotto Ponzio Pilato, governatore della Giudea al tempo di Tiberio Cesare; abbiamo appreso che Egli è il figlio del vero Dio, e Lo onoriamo al secondo posto, ed in terzo luogo lo Spirito Profetico.

4. In questo credono di dimostrare la nostra follia,

dicendo che noi diamo il secondo posto, dopo l'immutabile ed eterno Dio, creatore di tutte le cose, ad un uomo posto in croce, poiché non conoscono il mistero che vi è dentro: questo vi esortiamo a considerare attentamente, poiché ci apprestiamo a spiegarvelo.

La vita nuova

XIV.- 1. Vi diciamo innanzitutto di guardarvi dal farvi trarre in inganno dai demoni da noi prima accusati, e dal lasciarvi distogliere dal venire a piena conoscenza e dal comprendere quanto vi si dice (si sforzano infatti di avervi come schiavi e servitori: talvolta attraverso apparizioni di sogni, talvolta attraverso astuzie di magia, riducono in proprio potere tutti coloro che in nessun modo lottano per la propria salvezza); così come anche noi, dopo aver creduto nel Logos, ci siamo allontanati da loro, e seguiamo il solo ingenerato Iddio, per mezzo del Suo Figlio.

2. Noi che prima godevamo della dissolutezza, ora amiamo solo la continenza; noi che usavamo arti magiche, ora ci siamo consacrati al Dio buono ed ingenerato; noi che ambivamo, più degli altri, a conseguire ricchezze e beni, ora mettiamo in comune anche ciò che abbiamo e lo spartiamo con i bisognosi.

3. Noi che ci odiavamo l'un l'altro e ci uccidevamo e non spartivamo il focolare con coloro che non erano della nostra stirpe o avevano diversi costumi ora, dopo la manifestazione di Cristo, viviamo in comunità e preghiamo per i nemici e ci sforziamo di persuadere quanti ingiustamente ci odiano affinché, vivendo secondo i buoni comandamenti di Cristo, abbiano la bella speranza di ottenere, insieme con noi, la stessa ricompensa da parte di Dio, signore di tutte

le cose.

4. Per non sembrarvi sofisticare, abbiamo ritenuto fosse bene, prima della dimostrazione, richiamare alcuni pochi insegnamenti di Cristo stesso; sia poi compito vostro, di imperatori potenti quali voi siete, esaminare se quanto abbiamo appreso e insegniamo, risponda a verità.

Brevi e concisi sono i suoi discorsi: Egli infatti non era un sofista, ma la Sua parola era potenza di Dio.

Alcuni insegnamenti di Cristo

XV. - 1. Dunque, riguardo alla continenza, disse così "Chi guarda una donna per desiderarla, ha già commesso adulterio in cuor suo dinanzi a Dio".

2. E ancora: "Se il tuo occhio destro ti scandalizza, cavatelo; infatti è meglio per te entrare con un occhio solo nel regno dei cieli che essere gettato con tutti e due nel fuoco eterno",

3. E ancora: "Chi prende in moglie una donna ripudiata da un altro uomo, commette adulterio".

4. E: "Vi sono alcuni resi eunuchi dagli uomini; vi sono alcuni generati eunuchi; vi sono ancora alcuni che si resero eunuchi per il regno dei cieli; ma non tutti comprendono ciò".

5. Ugualmente anche coloro che contraggono un secondo matrimonio secondo la legge umana sono peccatori dinanzi al nostro Maestro, così come coloro che guardano una donna per desiderarla: infatti viene respinto da Lui non solo chi è adultero di fatto ma anche chi desidera commettere adulterio, poiché a Dio sono palesi non solo le azioni, ma anche le intenzioni.

6. E molti uomini e donne di sessanta o settanta anni, che fin da fanciulli furono ammaestrati negli insegnamenti di Cristo, perseverano incorrotti. E mi

vanto di potervi mostrare uomini siffatti sparsi in ogni classe.

7. C'è forse bisogno di parlare dell'innumerevole moltitudine di coloro che si sono convertiti da una vita dissoluta e hanno appreso questa verità? Infatti Cristo non ha chiamato alla conversione i giusti e i sobri, ma gli empi e i dissoluti e gli ingiusti.

8. Così disse: "Non sono venuto a chiamare a conversione i giusti, ma i peccatori". Il Padre celeste vuole infatti la conversione del peccatore, piuttosto che la sua punizione.

9. Quanto poi all'amore verso tutti, così insegnò: "Se amate coloro che vi amano, che cosa fate di nuovo? Infatti anche gli impuri lo fanno. Ma io vi dico: - Pregate per i vostri nemici e amate chi vi odia e benedite coloro che vi maledicono e pregate per coloro che vi calunniano".

10. Quanto poi al fare parte dei beni con i bisognosi, e a non fare nulla per ottenere gloria, così disse: "A chiunque chiede, date, e non fuggite chi vuol chiedervi un prestito. Se infatti prestate a coloro dai quali sperate di ricevere indietro, che cosa fate di nuovo? Anche i pubblicani fanno così".

11. "Ma voi non vogliate accumularvi tesori sulla terra, dove tarlo e ruggine li consumano ed i ladri li rubano; ma accumulate tesori per voi nei cieli, dove né tarlo né ruggine consumano. Che gioverà infatti all'uomo se egli guadagna il mondo intero, ma perde

la sua anima? O che cosa darà in cambio di essa? Accumulate dunque tesori nei cieli, dove né tarlo né ruggine li consumano". E: "Siate benigni e misericordiosi, come anche il Padre vostro è benigno e misericordioso e fa levare il sole sui peccatori e sui giusti e sui cattivi".

12. "Non preoccupatevi di che mangerete o di che vestirete. Non valete voi più degli uccelli e delle fiere? Eppure Dio li nutre. Dunque non preoccupatevi di che mangerete e di che vestirete. Il Padre vostro dei cieli sa infatti che avete bisogno di questo. Cercate invece il regno dei cieli e tutte queste cose vi saranno date in sovrappiù. Infatti dove è il tesoro, là è anche la mente dell'uomo".

13. E ancora: "Non fate queste cose per essere visti dagli uomini; se no, non avrete ricompensa dal Padre vostro che è nei cieli".

XVI. - 1. Quanto poi all'essere tolleranti e servizievoli verso tutti, e non iracondi, queste sono le Sue parole: "A chi ti percuote una guancia, offri anche l'altra, e non impedire chi ti toglie la tunica o il mantello".

2 "Chi poi si adira, è colpevole di fuoco. Chi ti costringe a seguirlo per un miglio, seguilo per due. Risplendano le vostre buone opere dinanzi agli uomini, affinché essi, vedendole, ammirino il Padre vostro che è nei cieli".

3. Non bisogna opporre resistenza, né egli ha voluto

che fossimo imitatori dei malvagi, ma ci esortò ad allontanare tutti dall'ignominia e dal desiderio del male, attraverso la tolleranza e la mansuetudine.

4. E questo possiamo mostrarlo anche a proposito di molti, che un tempo furono nelle vostre file: da violenti e dispotici che erano, cambiarono vita, trascinati dal seguire la fortezza di vita dei vicini o dall'osservare la mirabile pazienza di loro compagni vessati, o anche dal mettere a prova i colleghi di lavoro.

5. Quanto al non fare, in senso assoluto, giuramenti, e al dire sempre la verità, queste sono le Sue prescrizioni: "Non giurate affatto; ma il vostro sì sia sì e il no, no; tutto ciò che è in più, viene dal maligno".

6. E che bisogna adorare il solo Dio ci persuase dicendo così: "Il massimo comandamento è questo: adorerai il Signore Dio tuo e Lui solo servirai con tutto il tuo cuore e con tutta la tua forza, il Signore Iddio che ti ha creato".

7. E quando gli si avvicinò un tale e gli disse: "Maestro buono"; Egli gli rispose con queste parole: "Nessuno è buono, se non l'unico Dio che tutto ha creato".

8. Coloro poi che non si ritrovano a vivere i suoi comandamenti, non si riconoscano come cristiani, anche se, con la lingua, ripetono gli insegnamenti di Cristo. Infatti disse che si sarebbero salvati non quelli

che parlano soltanto ma quelli che compiono anche i fatti.

9. E disse così: "Non chiunque mi dice - Signore, Signore - entrerà nel regno dei cieli, ma chi fa la volontà del Padre mio che è nei cieli".

10. "Infatti chi ascolta me, e fa quanto io dico, ascolta Colui che mi ha mandato".

11. "Molti mi diranno - Signore, non mangiammo e bevemmo e compimmo miracoli nel Tuo nome? - Ed allora io dirò ad essi: - Allontanatevi da me operatori di iniquità".

12. "Allora sarà pianto e stridore di denti, quando i giusti risplenderanno come il sole e gli ingiusti saranno mandati nel fuoco eterno".

13. "Molti infatti verranno nel mio nome, vestiti di fuori di pelli di pecora, mentre dentro sono lupi rapaci: dalle loro opere li riconoscerete. Ogni albero che non produce buoni frutti viene tagliato e gettato nel fuoco".

14. Chiediamo dunque anche a voi che si puniscano coloro che vivono non coerentemente con i Suoi insegnamenti e che di cristiano hanno solo il nome.

Siamo sudditi leali dell'impero

XVII. - 1. Noi cerchiamo di pagare, prima di tutti gli altri, dovunque, tasse e tributi ai vostri incaricati, come Egli ci ha insegnato.

2. In quel tempo infatti alcuni si avvicinarono a Lui e gli chiedevano se bisognasse pagare i tributi a Cesare. Ed Egli rispose: "Ditemi: di chi reca l'effigie la moneta" "Di Cesare, dissero", ed Egli di rimando a loro: "Date dunque a Cesare ciò che è di Cesare e a Dio ciò che è di Dio".

3. Pertanto solo Dio sì, noi adoriamo, ma, per tutto il resto di buon grado serviamo a voi riconoscendovi imperatori e capi di uomini, mentre facciamo voti che si trovi in voi saggezza di pensiero, insieme al potere imperiale.

4. Se poi ci disprezzerete, mentre pur preghiamo e mettiamo ogni cosa alla luce del sole, non saremo noi ad essere danneggiati, poiché abbiamo fede, o meglio, siamo convinti che ciascuno pagherà la pena attraverso il fuoco eterno, a misura delle azioni e gli sarà chiesto conto in proporzione delle facoltà che ha ricevuto da Dio, come Cristo ci ha indicato quando ha detto: "A chi più Dio ha dato, più sarà anche richiesto".

L'immortalità dell'anima e la risurrezione

XVIII. - 1. Volgete lo sguardo alla fine di ciascuno degli imperatori precedenti, come siano morti della morte comune a tutti. Se questa conducesse alla cessazione di ogni sensibilità, sarebbe un guadagno per tutti gli ingiusti.

2. Ma poiché a tutti coloro che sono vissuti rimane la sensibilità ed è apprestata una punizione eterna, non trascurate di persuadervi e di credere che queste sono cose vere.

3. Le negromanzia, infatti, e le osservazioni di fanciulli incontaminati e le evocazioni di anime umane e gli spiriti che, presso i maghi, sono detti evocatori di sogni e loro assistenti e tutti i fenomeni che avvengono per opera dei conoscitori di scienze occulte, vi persuadano che anche dopo la morte le anime mantengono le facoltà sensitive;

4. ve ne persuadano anche gli uomini posseduti e agitati dalle anime dei defunti, che tutti chiamano indemoniati e furiosi, e quelli che voi chiamate oracoli di Anfiloco e di Dodona e della Pizia, e quanti altri esistono di tal genere,

5. e gli insegnamenti degli scrittori - Empedocle e Pitagora e Platone e Socrate, e la fossa nominata da Omero e la discesa di Ulisse alla scoperta di quei

misteri - e di quanti affermano cose simili.

6. Al pari di essi date retta, dunque, anche a noi: noi che, non meno di loro, anzi di più, crediamo in Dio, noi che speriamo di riprendere i nostri corpi, anche se morti e gettati nella terra, poiché diciamo che nulla è impossibile a Dio.

XIX - 1. E, per chi ci pensa bene, qualora non esistessimo nel corpo, cosa potrebbe apparire più incredibile del fatto che qualcuno ci dicesse che da una piccola stilla del seme umano è possibile che derivino e ossa e nervi e carne, manifestata con la forma che noi vediamo?

2. Immaginiamo ora per ipotesi: se voi non foste così come siete né foste generati da tali persone, e qualcuno, mostrandovi il seme umano e poi un'immagine dipinta, affermasse con assoluta certezza che da un simile seme nasce un essere siffatto, prima di vederlo, voi ci credereste? Nessuno oserebbe negare che non gli credereste!

3. Nello stesso modo, perché non avete ancora visto un morto resuscitare siete dominati dall'incredulità.

4. Ma, come all'inizio non avreste creduto che potessero nascere uomini così fatti da una piccola stilla, eppure li vedete formati, così dovete pensare che non sia impossibile che i corpi umani, dissolti e disfatti nella terra come semi, al momento opportuno, per ordine di Dio, risorgano e "si rivestano di incorruttibilità".

5. Non si può dire quale potenza degna di Dio ammettano coloro che dicono che ogni cosa torna a ciò da cui fu generata, e che neppure Dio può nulla contro questa legge; ma noi ne deduciamo che non avrebbero creduto fosse possibile che mai si generassero esseri siffatti, tali quali vedono, cioè se stessi e tutto l'universo: e generati da quali elementi!

6. Abbiamo imparato che è meglio credere anche a ciò che è impossibile, sia alla nostra natura sia agli uomini, piuttosto che non credervi, come gli altri, poiché sappiamo che anche il nostro Maestro Gesù Cristo ha detto: "Ciò che è impossibile presso gli uomini, è possibile presso Dio".

7. E disse anche: "Non temete coloro che vi uccidono e, dopo, non possono fare alcunché; temete invece colui che può, dopo la morte, gettare sia l'anima sia il corpo nella Geenna".

8. La Geenna è il luogo dove sono destinati ad essere puniti quanti sono vissuti iniquamente e non credono che avverrà quanto Dio attraverso Cristo, ci ha insegnato.

Teorie pagane affini...

XX. - 1. Sia la Sibilla sia Istaspe profetarono la distruzione, attraverso il fuoco, di ciò che è corruttibile.

2. I filosofi chiamati Stoici insegnano che anche Dio stesso si dissolve nel fuoco, ed affermano che il mondo, dopo una trasformazione, risorgerà. Noi invece pensiamo che Dio, creatore del tutto, sia qualcosa di superiore a ciò che muta.

3. Se dunque noi sosteniamo alcune teorie simili ai poeti ed ai filosofi da voi onorati ed alcune anche superiori e divine e, soli, possiamo dimostrarvele, perché siamo ingiustamente odiati più di tutti?

4. Quando diciamo che tutto è stato ordinato e prodotto da Dio, sembreremo sostenere una dottrina di Platone; quando parliamo di distruzione nel fuoco, quella degli Stoici; quando diciamo che le anime degli iniqui sono punite mantenendo la sensibilità anche dopo la morte, e che le anime dei buoni, liberate dalle pene, vivono felici, sembreremo sostenere le stesse teorie di poeti e di filosofi;

5. quando diciamo che non bisogna adorare opere di mano umana, siamo d'accordo con il comico Menandro e con quanti espressero le stesse idee. Dimostrarono infatti che il creatore è superiore a ciò che è creato.

... anche a proposito di Gesù Cristo

XXI. - 1. Quando noi diciamo che il Logos, che è il primogenito di Dio, Gesù Cristo il nostro Maestro, è stato generato senza connubio, e che è stato crocifisso ed è morto e, risorto, è salito al cielo, non portiamo alcuna novità rispetto a quelli che, presso di voi, sono chiamati figli di Zeus.

2. Voi sapete infatti di quanti figli di Zeus parlino gli scrittori onorati da voi: Ermete, il Logos interpretativo e maestro di ogni arte; Asclepio, che fu anche medico e, colpito dal fulmine, ascese al cielo; Dioniso, che fu dilaniato; Eracle, che si gettò nel fuoco per sfuggire alle fatiche; i Dioscuri, figli di Leda; e Perseo, figlio di Danae; e Bellerofonte, che di tra gli uomini ascese con il cavallo Pegaso.

3. Che bisogno c'è poi di parlare di Arianna, e di quanti, al pari di lei, si 'dice siano stati trasformati in astri? O dei vostri imperatori che, morti, sempre ritenete degni dell'immortalità, anzi producete persino qualcuno che giura di aver visto il Cesare cremato, elevarsi dalla pira verso il cielo!

4. Ma a chi già conosce questi fatti non è necessario dire quali azioni si raccontino di ciascuno dei cosiddetti figli di Zeus; dirò solo che tutto questo è stato scritto per aiutare ed esortare i discepoli: tutti infatti stimano bello farsi iettatori degli dei!

5. Ma da ogni anima retta sia lontano questo convincimento circa gli dei, che persino colui che, secondo loro, è re e genitore di ogni cosa, Zeus, sia parricida e figlio di simile padre, e che, vinto dalla smania di malvagi e turpi piaceri, sia arrivato a corrompere Ganimede e molte donne, e che i suoi figli abbiano continuato a compiere azioni simili alle sue. Invece, come abbiamo già detto, furono i demoni cattivi a compiere queste azioni. Noi abbiamo appreso che ottengono l'immortalità solo coloro che conducono una vita santa e virtuosa, vicino a Dio e crediamo che coloro che vivono iniquamente e non si pentono sono puniti nel fuoco eterno.

XXII.- 1. Il Figlio di Dio, chiamato Gesù, se anche fosse solo uomo comune per sapienza, sarebbe degno di essere chiamato figlio di Dio. Infatti tutti gli scrittori chiamano Dio padre sia degli uomini sia degli dei.

2. Se poi, come abbiamo affermato sopra, noi affermiamo che Egli è stato' generato da Dio come Logos di Dio stesso, in modo speciale e fuori dalla normale generazione, questa concezione è comune alla vostra, quando dite che Ermete è il Logos messaggero di Zeus.

3. Se poi qualcuno ci rimproverasse il fatto che Egli fu crocifisso anche questo è comune ai figli di Zeus annoverati prima, i quali, secondo voi, furono soggetti a sofferenze.

4. Anche di loro infatti si narrano patimenti di morte

non eguali, ma diversi. Cosicché neppure nella particolarità della sofferenza Egli sembra essere inferiore; anzi, come abbiamo promesso, nel seguito del discorso dimostreremo che è anche superiore; o meglio, questo e già dimostrato: infatti chi è superiore si rivela dalle opere.

5. Se poi diciamo che è stato generato da una vergine, anche questo sia per voi un elemento comune con Perseo.

6. Quando affermiamo che Egli ha risanato zoppi e paralitici ed infelici dalla nascita, e che ha resuscitato dei morti, anche in queste affermazioni appariremo concordare con le azioni che la tradizione attribuisce ad Asclepio.

I tre argomenti che intende trattare

XXIII. - 1. Affinché ormai appaia evidente anche questo, vi dimostreremo che quanto noi diciamo, per averlo imparato da Cristo e dai Profeti che lo precedettero, è la sola verità, e che è più antica di tutti gli scrittori; e che chiediamo di essere creduti non perché diciamo le stesse cose ma perché diciamo la verità:

2. che il solo Gesù Cristo è stato propriamente generato figlio di Dio, Suo Logos e primogenito e potenza operatrice e, fatto uomo per Sua volontà, ci ha dato questi insegnamenti per la liberazione e la rigenerazione del genere umano;

3. e che, prima che si facesse uomo tra gli uomini, alcuni - intendo dire i cattivi demoni già nominati - per bocca dei poeti si affrettarono a raccontare come veramente accaduti i fatti di cui favoleggiarono, nello stesso modo che anche crearono infamie e nefandezze, che ci vengono rinfacciate, e di cui non esiste alcun testimone né alcuna prova.

a) Noi soli siamo perseguitati

XXIV. - 1. In primo luogo accade che, pur sostenendo idee simili a quelle dei Greci, noi soli siamo odiati a causa del nome di Cristo, e, pur non facendo nulla di male, siamo uccisi come colpevoli, mentre altri, chi qua chi là, venerano alberi e fiumi e topi e gatti e coccodrilli e molti altri animali privi di ragione: anzi, non sono venerati da tutti sempre gli stessi, ma gli uni in un luogo gli altri in un altro, cosicché appaiono irreligiosi, gli uni rispetto agli altri, per il fatto che non venerano gli stessi elementi.

2. L'unica colpa che ci potete imputare è che non veneriamo gli stessi dèi che venerate voi, e che non portiamo libagioni ai morti, né grasso di vittime, né corone sulle tombe, né facciamo sacrifici.

3. Ma sapete benissimo che le stesse cose dagli uni sono ritenute dèi, dagli altri bestie, dagli altri ancora vittime sacrificali.

b) Ora disprezziamo la divinità che un tempo adoravamo

XXV 1. In secondo luogo: tra tutto il genere umano, noi - che anticamente adoravamo Dioniso figlio di Semele, ed Apollo figlio di Latona (e c'è da vergognarsi anche solo a pronunciare quali azioni compirono per amore di maschi), e Persefone e Afrodite impazzite di folle passione per Adone (di esse celebrate persino i misteri), o Asclepio o qualunque altro dei cosiddetti dèi - noi abbiamo preso a disprezzarli, con l'aiuto di Gesù Cristo, anche se siamo minacciati di morte;

2. e ci siamo consacrati al Dio ingenerato ed immune da dolore. Siamo certi che Egli non fece violenza, per folle passione, né ad Antiope né ad altre donne simili, né a Ganimede; che non venne liberato grazie

all'intervento di quel centimano per il soccorso ricevuto da Teti, né che per quel beneficio si fece pensiero che Achille, figlio di Teti, per la concubina Briseide rovinasse molti Greci.

3. Anzi noi abbiamo pietà di quanti vi credono: ben sappiamo che sono i demoni la causa di tutto ciò.

c) I sedicenti dèi, suscitati dai demoni, non furono perseguitati

XXVI. - 1. In terzo luogo: anche dopo l'ascesa di Cristo al cielo, i demoni continuavano a suscitare uomini che dicevano di essere dèi; e questi non solo non furono perseguitati da voi ma furono stimati degni di onore.

2. Così un tale Simone di Samaria di un villaggio chiamato Gitton, - il quale sotto l'imperatore Claudio compiva prodigi magici, per mezzo dell'arte dei demoni che operavano in lui, nella vostra città imperiale di Roma - fu ritenuto dio, è stato onorato da voi di una statua; questa statua è stata eretta nel fiume Tevere tra i due ponti, con la scritta in latino: "Simoni deo sancto".

3. E quasi tutti i samaritani, e pochi anche di altri popoli, lo riconoscono e lo adorano quale primo dio. Sostengono anche che una certa Elena, che si accompagnava con lui in quel tempo, e che prima era stata in un lupanare, è il primo pensiero emanato da lui.

4. Sappiamo poi che un tale Menandro, anche lui

samaritano, del villaggio di Capparetea, fattosi discepolo di Simone e posseduto anche lui dai demoni, recatosi ad Antiochia, ingannò molti attraverso l'arte magica: egli persuase anche i suoi seguaci che non sarebbero morti. E vi sono tuttora alcuni di quella scuola che ci credono.

5. Vi è poi un certo Marcione del Ponto, il quale tuttora insegna ai suoi seguaci a credere che esiste un altro Dio superiore al creatore. Costui, in mezzo ad ogni genere di uomini, con l'aiuto dei demoni, è riuscito a far sì che molti pronuncino bestemmie e neghino che Dio sia creatore dell'universo, e ammettano che un altro, il quale sarebbe superiore a Lui, ha compiuto cose maggiori di lui.

6. Tutti coloro che si ispirano ad essi, come abbiamo detto, sono chiamati cristiani, nello stesso modo che tra i filosofi anche coloro che non hanno in comune le stesse teorie, hanno in comune la stessa denominazione.

7. Se poi compiano quelle nefandezze di cui si favoleggia, rovesciamento di lampada ed accoppiamenti impudichi e pasti di carni umane, non sappiamo. Sappiamo però che non sono né perseguitati né uccisi da voi, almeno a causa delle loro dottrine.

8. E' stato da noi composto anche un trattato contro tutte le eresie che sono sorte: se volete leggerlo, ve lo faremo avere.

Perché non esponiamo i neonati

XXVII. - 1. A noi, per non commettere alcuna ingiustizia o empietà, è stato insegnato che è proprio dei malvagi esporre i neonati: prima di tutto, perché vediamo che sono tutti avviati alla prostituzione, e non solo le fanciulle, ma anche i giovinetti; e, come si dice che gli antichi allevassero greggi di buoi o di capre o di pecore o di cavalli, così ora allevano anche fanciulli solo per farne un uso vergognoso. Similmente, presso tutto il popolo, ecco torme di donne e di ermafroditi e di uomini abominevoli comportarsi secondo questa nefandezza

2. e voi ne traete guadagni e tributi ed imposte, mentre bisognerebbe estirparli dalla vostra terra.

3. E qualcuno di questi profittatori, oltre alle unioni nefande ed empie e sfrenate, se capita si unisce al figlio o ad un parente od al fratello.

4. Alcuni prostituiscono anche i propri figli e le mogli; altri apertamente si evirano per impudicizia e celebrano i misteri in onore della madre degli dèi; e ad ognuno di quelli che da voi sono ritenuti dèi si attribuisce un serpente come grande simbolo e mistero.

5. Tutto ciò che è compiuto da voi apertamente ed è tenuto in onore, voi lo attribuite a noi, come se fosse rovesciato ed assente il lume di Dio. Ma questo non

reca danno a noi, che siamo ben lontani dal compiere qualcuna di queste azioni, bensì a chi le compie e rende falsa testimonianza.

XXVIII. - 1. Da noi infatti il capo dei demoni malvagi è chiamato serpente e satana e diavolo, come voi potete apprendere anche da un esame dei nostri scritti. Di lui Cristo ha predetto che sarà cacciato nel fuoco con il suo esercito e con gli uomini che lo seguono, per essere puniti per l'eternità.

2. L'indugio di Dio nel non compiere ancora tutto questo è a beneficio del genere umano: Egli infatti preconosce che alcuni si salveranno attraverso il pentimento, anche di quelli che non sono ancora nati.

3. Egli in principio ha creato il genere umano dotato di ragione e capace di scegliere il vero ed il buon agire, cosicché gli uomini non hanno giustificazione davanti a Dio, in quanto sono dotati di ragione e di capacità di discernimento.

4. Se qualcuno non crede che Dio si occupi di costoro, o dovrà con artifizi ammettere che Egli non esiste o che, pur esistendo, gode del male, o che rimane simile a una pietra, e che virtù e iniquità non sono nulla, e che gli uomini giudicano le cose buone o cattive solo secondo l'opinione soggettiva: e questa è gravissima empietà ed iniquità.

XXIX. - 1. Inoltre: badiamo che i neonati non siano esposti, affinché non succeda che qualcuno degli esposti muoia, perché non raccolto, e noi diveniamo omicidi. D'altra parte, o fin dall'inizio non ci dovevamo sposare, se non per allevare i figli, oppure, rifiutando il matrimonio, vivere nella perfetta castità.

2. E già uno dei nostri (per persuadervi che non è un rito misterico presso di noi l'unione libera) ad Alessandria consegnò uno scritto al governatore Felice chiedendogli di permettere al medico di evirarlo. Infatti i medici del luogo dicevano che non si poteva fare senza il permesso del governatore.

3. E poiché in nessun modo Felice volle sottoscrivere, il giovane rimase casto, contento della buona coscienza sua e di quanti sentivano come lui.

4. Non riteniamo fuor di luogo ricordare qui anche Antinoo, vissuto ai nostri tempi, che tutti, per paura, erano spinti a venerare come dio, pur sapendo chi fosse e di dove venisse.

La persona di Gesù, il Cristo

XXX. - 1. Affinché nessuno ci faccia questa obiezione: "Che cosa impedisce che anche colui che da noi è chiamato Giusto, uomo figlio di uomini, abbia compiuto per arte magica quelli che chiamiamo miracoli, e per questo sia sembrato essere figlio di Dio?", è ormai il momento di darne la dimostrazione, non credendo per fede a coloro che li narrano, ma necessariamente persuasi da quanti profetarono prima che i fatti accadessero, dal momento che vediamo con i nostri occhi che i fatti sono accaduti ed accadono così come è stato profetato e questa non potrà non apparire anche a voi - così crediamo a dimostrazione più probante e più vera.

I Profeti e i loro vaticini

X . Dunque, certi uomini tra i Giudei sono stan Profeti di Dio, ed attraverso di loro lo Spirito Profetico preannunciò quanto sarebbe accaduto, prima che accadesse. I re dei Giudei che si avvicendarono nel tempo, come vennero in possesso delle Profezie, le custodirono con zelo - esattamente come furono pronunciate quando quelli profetavano - in libri composti dagli stessi Profeti, nella loro lingua ebraica.

2. Quando Tolomeo, re d'Egitto, apprestava una biblioteca e cercava di raccogliervi gli scritti di tutti gli uomini, avuta notizia anche di queste Profezie, mandò a chiedere all'allora re dei Giudei, Erode, di inviargli i libri dei Profeti.

3. Ed il re Erode gli inviò i libri scritti nella lingua ebraica, come ho detto prima.

4. Però, poiché il loro contenuto non era comprensibile agli Egizi, di nuovo mandò a chiedere di inviargli dei traduttori in lingua greca.

5. Fatto ciò, i libri sono rimasti presso gli Egizi fino ad ora, e si trovano dovunque, presso tutti i Giudei. Questi, però, pur sapendoli leggere, non ne comprendono il contenuto, ma ci ritengono avversari e nemici, e, come voi, ci uccidono e ci perseguitano quando possono, come potete constatare anche voi.

6. Infatti, anche nella recente guerra Giudaica, Barkokeba, il capo della rivolta dei Giudei, comandava che venissero condotti a crudeli supplizi solo i cristiani, se non rinnegavano e bestemmiavano Gesù Cristo.

7. Tuttavia è proprio nei libri dei Profeti che trovammo vaticinato il nostro Gesù Cristo, la sua venuta, la sua nascita da una vergine, il suo divenire uomo, il suo guarire ogni malattia e ogni infermità, il suo risuscitare i morti; trovammo che sarebbe stato odiato, ignorato e crocifisso, che sarebbe morto e risorto e salito al cielo; che è ed è chiamato figlio di Dio, e che alcuni uomini sono inviati da Lui ad annunziare queste cose a tutto il genere umano e che avrebbero creduto in Lui di preferenza i pagani.

8. Egli fu preannunziato una volta cinquemila anni, una volta tremila, una volta duemila, ed ancora mille, e un'altra volta ottocento anni prima della Sua comparsa, poiché, nel succedersi delle generazioni, ci furono svariati Profeti.

XXXII. - 1. Mosè, il primo dei Profeti, disse esattamente così: "Non mancherà capo di Giuda né comandante disceso dai suoi lombi finché venga Colui a cui è riservato; ed Egli sarà l'atteso delle genti, che lega alla vite il suo puledro, che purifica nel sangue dell'uva la sua veste".

2. Sta a voi dunque esaminare attentamente ed apprendere fino a quando ci fu un capo ed un re proprio ai Giudici: fino alla comparsa di Gesù Cristo,

il nostro maestro ed interprete delle profezie incomprese, come fu predetto dal divino Spirito Profetico per bocca di Mosè; che cioè non sarebbe mancato un capo dei Giudei finché fosse venuto Colui al quale il regno era riservato.

3. Giuda infatti è il capostipite dei Giudei, e da lui essi presero anche il nome. E voi avete incominciato a regnare sui Giudei e siete divenuti signori di tutta la loro terra, dopo la Sua comparsa.

4. La frase: "Egli sarà l'atteso delle genti" era profetica del fatto che da parte di tutte le genti vi sarebbe stata l'attesa della sua nuova comparsa: questo voi potete vedere con i vostri occhi e persuadervene dai fatti. Da tutte le genti infatti si attende Colui che fu crocifisso in Giuda dopo il quale vi fu consegnata subito, come conquista di guerra, la terra dei Giudei.

5. La frase "che lega alla vite il suo puledro e che purifica nel sangue dell'uva la sua veste" era un segno per indicare quanto sarebbe accaduto a Cristo e quanto sarebbe stato da Lui compiuto.

6. Infatti un puledro d'asina stava legato ad una vite all'ingresso di un villaggio ed Egli comandò che i suoi discepoli subito glielo conducessero; quando gli fu condotto, vi salì, vi si sedette ed entrò in Gerusalemme, dove c'era il più grande tempio dei Giudei, che in seguito da voi fu distrutto. E dopo fu crocifisso, affinché si compisse il resto della profezia.

7. Infatti le parole: "che purifica nel sangue dell'uva la Sua veste" erano profetiche della passione che stava per subire, per purificare col sangue quanti credono in Lui.

8. Infatti quella che dal divino Spirito, tramite il profeta, è chiamata "veste", sono gli uomini che credono in Lui, nei quali abita il divino seme di Dio, il Logos.

9. Quello che è chiamato "sangue dell'uva" indica che Colui che sarebbe apparso ha sì sangue, ma non da seme umano, bensì da potenza divina.

10. E la prima potenza, dopo Dio, Padre e signore di ogni cosa, è il Logos, Suo figlio. In che modo questi abbia preso carne umana e sia diventato uomo, diremo in seguito.

11. Come infatti non un uomo, ma Dio, ha creato il sangue della vite, così era anche indicato che il Suo sangue sarebbe stato generato non da seme umano, ma da potenza di Dio, come abbiamo detto.

12. Ed Isaia, un altro Profeta, profetando gli stessi avvenimenti con altre parole disse: "Sorgerà un astro da Giacobbe e verrà su un fiore dalla radice di Jesse. E nel braccio di lui spereranno le nazioni".

13. Un astro luminoso sorse ed un fiore germogliò dalla radice di Jesse: Cristo.

14. Fu infatti generato, per potenza di Dio, da una vergine del seme di Giacobbe, padre di Giuda, padre

dei Giudei come s'è detto. E Jesse ne è stato il progenitore, secondo la profezia, perché, nella successione della stirpe, è figlio di Giacobbe e di Giuda.

La concezione verginale

XXXIII. - 1. E ancora; ascoltate come fu esattamente profetato da Isaia che sarebbe stato generato da una vergine. Così infatti fu detto: "Ecco la vergine porterà nel ventre e partorirà un figlio e lo chiameranno col nome 'Dio con noi'".

2. Infatti ciò che era incredibile e giudicato impossibile a verificarsi presso gli uomini, Dio predisse attraverso lo Spirito Profetico che sarebbe avvenuto, affinché, quando fosse accaduto, non ci si rifiutasse di credere, ma si credesse perché era stato predetto.

3. E perché non succeda che qualcuno, fraintendendo la profezia, ci contesti ciò che noi contestammo ai poeti, quando riferiscono che Zeus per passione si accostò a donne, cercheremo di chiarire le parole.

4. Dunque l'espressione: "Ecco la vergine porterà nel ventre" indica che la vergine concepì senza unione; se infatti fosse stata unita a chicchessia, non sarebbe stata più vergine. Invece la virtù di Dio, entrata nella vergine, l'adombrò e la rese incinta, pur rimanendo ella vergine.

5. E l'angelo di Dio, inviato in quella circostanza alla stessa vergine, le diede il lieto annunzio dicendo: "Ecco concepirai nel tuo ventre per opera dello Spirito Santo e concepirai un figlio e sarà chiamato

figlio dell'Altissimo e lo chiamerai Gesù: Egli infatti salverà il suo popolo dai suoi peccati": così ci insegnarono coloro che tramandarono la memoria di tutto ciò che riguarda il nostro Salvatore, ai quali prestiamo fede, dal momento che - come abbiamo detto - anche per bocca di Isaia, già nominato sopra, lo Spirito profetico aveva predetto la Sua nascita.

6. E' lecito dunque pensare che lo Spirito e la Virtù di Dio non siano altro che il Logos, che è anche primogenito di Dio, come, indicò Mosè, il profeta di cui abbiamo prima parlato. E fu questo Spirito che, entrato nella Vergine ed adombratala, non attraverso l'unione, ma per la virtù, la rese incinta.

7. La parola "Gesù", nome di lingua ebraica, corrisponde al vocabolo greco "Salvatore".

8. Per questo l'angelo disse alla Vergine: "E lo chiamerai Gesù: Egli infatti salverà il Suo popolo dai suoi peccati".

9. Anche voi, suppongo, ammetterete che coloro che profetano, da null'altro sono ispirati se non dal Logos divino.

Betlemme

XXXIV. - 1. Udite come un altro profeta, Michea, abbia predetto persino in quale terra sarebbe nato. Disse così: "E tu, Betlemme, terra di Giuda, non sei affatto la più piccola tra i principi di Giuda: da te infatti uscirà un capo che pascerà il mio popolo": quello è appunto il villaggio, nella terra dei Giudei, distante trentacinque stadi da Gerusalemme, nel quale nacque Gesù Cristo, come potete apprendere dai registri del censimento fatto sotto Cristo, vostro primo procuratore in Giudea.

Altre profezie

XXXV. - 1. Sul fatto poi che Cristo sarebbe rimasto nascosto agli altri uomini dalla nascita fino alla maturità - cosa che avvenne -, sentite quanto fu predetto.

2. Ecco le parole precise: "E' stato generato per noi un fanciullo e ci è stato dato un giovinetto, sulle cui spalle è il potere". Questo indica la potenza della croce, su cui pose le spalle quando fu crocifisso, come sarà dimostrato chiaramente dal seguito del mio discorso.

3. Ed ancora lo stesso profeta Isaia, ispirato dallo Spirito profetico, disse: "Io distesi le mie mani su un popolo incredulo e dissenziente, su uomini che camminavano su una via non buona. Ora mi chiedono un giudizio ed osano avvicinarsi a Dio".

4. Ancora, con parole diverse, per bocca di un altro Profeta, dice: "Essi mi trafissero piedi e mani e buttarono la sorte sulla mia veste".

5. Ma Davide, il re e profeta che pronunciò queste parole, non subì nulla di tutto ciò. Fu invece Gesù Cristo a distendere le mani, e ad essere crocifisso dai Giudei, che parlavano contro di Lui e negavano che Egli fosse il Cristo. Infatti, come aveva detto il Profeta, per scherno Lo posero su di un seggio e Gli dissero: "Giudicaci".

6. La frase: "Mi trafissero le mani ed i piedi" era la spiegazione dei chiodi infissi sulla croce, nelle mani e nei piedi di Lui. Dopo averlo crocifisso, i suoi crocifissori trassero a sorte la Sua veste e la divisero tra loro. Che tutto questo sia veramente accaduto, potete apprenderlo dagli Atti redatti sotto Ponzio Pilato.

7. A prova che era stato veramente vaticinato il fatto che si sarebbe seduto su un puledro di asina e sarebbe entrato in Gerusalemme, citeremo le parole della profezia di un altro Profeta, Sofonia. Eccole: "Gioisci fortemente, figlia di Sion, annunzia, figlia di Gerusalemme; ecco viene a te, mansueto, il tuo re, cavalcando un'asina ed un asinello, puledro di una giumenta".

Fu il divino Logos a muovere le labbra dei Profeti

XXXVI. - 1. Quando udite le parole dei Profeti pronunziate come se fossero loro, non crediate che siano pronunziate da essi stessi sotto ispirazione, bensì dal Logos divino che le muove.

2. Questi infatti ora preannunzia il futuro sotto forma di predizione, ora parla come in persona di Dio, Signore e Padre di ogni cosa, ora come in persona di Cristo, ora come in persona di popoli che rispondono al Signore od al Padre Suo: una cosa simile si può vedere anche presso i vostri scrittori, che introducono vari personaggi dialoganti, pur essendo uno solo colui che scrive il tutto.

3. Non comprendendo questo, i Giudei, che pure hanno i libri dei Profeti, non riconobbero Cristo neppure quando comparve; anzi, odiano noi, poiché affermiamo che Egli è venuto e dimostriamo che è stato da loro crocifisso, come era stato annunziato.

Vari modi con cui lo Spirito profetico parla

XXXVII. - 1. Affinché anche questo vi sia chiaro, attraverso il già nominato profeta Isaia, queste parole furono pronunziate, dalla persona del Padre: "Il bue conobbe il suo possessore e l'asino la mangiatoia del suo padrone, ma Israele non conobbe me ed il mio popolo non mi comprese. Guai a te, nazione peccatrice, popolo pieno di peccati, seme malvagio, figli senza legge; avete abbandonato il Signore".

2. Ancora, in altro luogo, mentre lo stesso profeta parla similmente in persona del Padre: "Quale casa mi edificherete? - dice il Signore -; il cielo è a me trono e la terra sgabello dei miei piedi".

3. Ed ancora in un altro passo: "Odia l'anima mia i vostri noviluni ed i vostri sabati, e non sopporto il grande giorno del digiuno ed il vostro ozio; né se verrete per essere visti da me vi esaudirò. Le vostre mani sono piene di sangue. Se anche portate fior di farina, incenso, oggetto di ribrezzo è per me. Non voglio grasso di agnelli e sangue di tori. Chi infatti ha chiesto questi sacrifici dalle vostre mani? Sciogli invece ogni vincolo di ingiustizia, strappa i lacci di rapporti violenti, copri chi non ha tetto ed è nudo, spezza il tuo pane con chi ha fame".

4. Potete dunque comprendere quali siano gli

insegnamenti dati attraverso i Profeti da Dio stesso.

XXXVIII. - 1. Quando lo Spirito profetico parla in persona di Cristo, si esprime così: "Io stesi le mie mani verso il popolo incredulo e contraddicente su coloro che camminavano per una strada non buona".

2. Ed ancora: "Ho offerto il mio dorso ai flagelli, e le mie guance alle percosse, e non distorsi il mio volto dalla vergogna degli sputi. Ed il Signore fu mio aiuto, per questo non mi ritrassi, ma resi il mio volto come dura pietra, capii che non avrei sentito vergogna, poiché è vicino colui che mi ha giustificato".

3. E di nuovo quando dice: "Essi gettarono la sorte sulla mia veste e mi traforarono piedi e mani. Ma io mi coricai e dormii, e mi rialzai, poiché il Signore mi ricevette".

4. Ed ancora quando dice: "Mormorarono con le labbra scossero il capo dicendo: 'Liberi se stesso'".

5. Voi potete conoscere che tutto questo fu operato contro Cristo per opera dei Giudei. Infatti, dopo averlo crocifisso, muovevano le labbra e scuotevano il capo dicendo: "Egli che ha risuscitato i morti, liberi se stesso"!

XXXIX. - 1. Quando lo Spirito Profetico parla per annunziare il futuro, si esprime così: "Da Sion infatti uscirà una legge, il Logos del Signore da Gerusalemme, e giudicherà nel mezzo delle genti ed accuserà molto popolo. E ridurranno le loro spade in aratri e le loro lance in falci e non impugneranno più la spada, gente contro gente, e non impareranno più a fare la guerra".

2. E che così è avvenuto, potete persuadervene.

3. Infatti da Gerusalemme uscirono nel mondo dodici uomini: erano ignoranti ed incapaci di parlare, ma, per la potenza di Dio, rivelarono a tutto il genere umano che erano mandati da Cristo ad insegnare a tutti la sua parola. E noi, che un tempo ci uccidevamo l'un l'altro, non solo non facciamo guerra ai nemici, ma, per non mentire né ingannare quelli che ci giudicano, volentieri moriamo confessando il Cristo.

4. Potremmo infatti applicare qui il detto: "La lingua ha giurato, ma il cuore non ha giurato".

5. Ma sarebbe ridicolo che, mentre dei soldati, raccolti ed arruolati per voi, tengono fede al giuramento fattovi, anteponendolo alla propria vita ed alla patria ed a tutti i loro congiunti, quando voi non potete offrir loro nulla di incorruttibile, noi invece, che bramiamo l'immortalità, non sopportassimo ogni pena per conseguire, da chi può darcelo, ciò che desideriamo!

Sugli apostoli e su Cristo

XL. - 1. Ascoltate come sia stato vaticinato anche riguardo a coloro che preannunziarono la Sua dottrina ed indicarono la Sua venuta, quando il già nominato profeta e re parlò così per opera dello Spirito Profetico: "Il giorno al giorno proferisce parole e la notte alla notte dà notizia. Non sono colloqui né discorsi di cui non si sentano le voci. A tutta la terra giunse il loro suono ed ai confini della terra abitata le loro parole. Nel sole pose la Sua dimora ed Egli, come sposo che esce dal suo talamo, esulterà come un gigante a percorrere la via".

2. Oltre a queste, abbiamo ritenuto cosa buona ed opportuna far menzione anche di altre parole profetiche dello stesso Davide, dalle quali potete apprendere a quale stile di vita lo Spirito Profetico esorti gli uomini e come indichi la coalizione contro Cristo intrapresa da Erode, re dei Giudei, dai Giudei stessi, e da Pilato, vostro procuratore presso di loro, con i suoi soldati; e come Egli sarebbe stato creduto da ogni razza di uomini, e come Dio lo chiami Figlio e Gli abbia promesso la sottomissione di tutti i nemici; ed in che modo i demoni, per quanto sta in loro, tentino di sfuggire al potere sia di Dio, Padre e Signore di ogni cosa, sia di Cristo stesso; e come Dio chiami tutti al pentimento, prima che giunga il giorno del giudizio.

3. Così è detto: "Beato l'uomo che non camminò nel consiglio degli empi e non si soffermò nella via dei peccatori, e non si sedette sulla cattedra di uomini malvagi, ma il suo volere è nella legge del Signore e sulla Sua legge mediterà giorno e notte. E sarà come albero piantato lungo le correnti delle acque, che darà il suo frutto a suo tempo, e le sue foglie non cadranno, e tutto quanto farà riuscirà bene. Non così gli empi, non così, ma simili a polvere, che il vento disperde dalla faccia della terra. Per questo non si leveranno gli empi nel giudizio, né i peccatori nel consiglio dei giusti, poiché il Signore conosce la via dei giusti, e la via degli empi rovinerà".

4. "A che fremettero le genti, ed i popoli meditarono cose nuove? Insorsero i re della terra, ed i principi convennero insieme contro il Signore e contro il Suo Cristo, dicendo: 'Spezziamo i loro vincoli e strappiamo da noi il loro giogo'. Colui che abita nei cieli riderà di loro, ed il Signore li schernirà; allora parlerà ad essi dalla Sua ira, e nella Sua collera li sconvolgerà. Ma io fui costituito da Lui re su Sion, Suo monte santo, per annunciare il comandamento del Signore. Il Signore mi disse: - Mio figlio sei tu, io oggi ti ho generato, chiedimi e ti darò le genti in eredità, ed i confini della terra in tuo possesso. Li pascerai con la verga di ferro, come vasi di argilla li spezzerai. Ed ora, intendete; imparate, voi tutti giudici della terra. Servite il Signore in timore ed esultate in Lui con tremore. Abbracciatene l'insegnamento, affinché mai il Signore si adiri e voi

roviniate dalla via giusta, qualora improvvisamente divampi la Sua ira. Beati tutti coloro che hanno confidato in Lui".

XLI. - 1. Ed ancora in un'altra profezia, lo Spirito Profetico, per bocca dello stesso Davide, preannunziò che Cristo, dopo essere stato crocifisso, avrebbe regnato. Così disse: "Cantate al Signore, terre tutte, ed annunziate di giorno in giorno la salvezza di Lui; poiché grande è il Signore e molto degno di lode, terribile al di sopra di tutti gli dèi; poiché tutti gli dèi delle genti sono simulacri e demoni, ma Dio creò i cieli. Gloria e lode al Suo cospetto, e forza e vanto nel luogo della sua santità; rendete gloria al Signore, padre dei secoli. Prendete doni ed entrate al Suo cospetto e adoratelo nei Suoi santi templi. Tema al Suo cospetto tutta la terra e si corregga e non vacilli. Gioiscano le genti. Il Signore regnò" dal legno.

Profezie di eventi futuri come già avvenuti

XLII. - 1. Talvolta lo Spirito Profetico parla del futuro come se fosse già avvenuto, come si può comprendere anche dalle parole riportate sopra: chiariremo anche questo, perché la cosa non offra motivi di contestazione ai lettori.

2. Gli eventi chiaramente conosciuti come destinati a compiersi, li predice come già avvenuti. Che così si debbano intendere, prestate attenzione, ché ve lo spiegherò.

3. Davide fece le profezie di cui ho parlato, millecinquecento anni prima che Cristo, fatto uomo, fosse crocifisso; ma nessuno di quanti vissero prima di Lui, crocifisso, offrì gioia alle genti, così come nessuno neppure dopo.

4. Invece il nostro Gesù Cristo, crocifisso e morto, resuscitò, e regnò dopo essere asceso al cielo; e per l'annuncio che da parte sua è stato portato dagli Apostoli a tutte le genti c'è gioia per quanti attendono l'immortalità annunciata da Lui.

Il problema del libero arbitrio

XLIII. - 1. Perché nessuno, da quanto è stato da noi detto, ci pensi sostenere che gli avvenimenti soggiacciono inesorabilmente al fato, per il fatto di essere predetti come preconosciuti, scioglieremo anche questo nodo.

2. Noi abbiamo appreso dai Profeti, e dimostriamo essere vero, che le punizioni e le pene e le buone ricompense vengono assegnate a ciascuno secondo il merito delle sue azioni. Perché, se non fosse così, ma tutto si compisse per destino, non esisterebbe per nulla il libero arbitrio. Se infatti fosse già stabilito che l'uno sia buono e l'altro cattivo, né quello sarebbe da lodare, né questo da biasimare.

3. D'altra parte, se il genere umano non ha facoltà di fuggire il male, e di preferire il bene per libera scelta, non è responsabile, qualsiasi azione compia.

4. Noi dimostriamo invece che l'uomo è virtuoso o fa il male per libera scelta.

5. Vediamo infatti che un medesimo uomo passa da un comportamento a quello opposto.

6. Se fosse stabilito che egli sia o cattivo o buono, non sarebbe mai soggetto a comportamenti contrapposti, né muterebbe più volte. Non ci sarebbero né i buoni ne i cattivi, poiché si

dimostrerebbe che il destino è la causa sia del bene sia del male, e che esso perciò è contraddittorio in se stesso; oppure che noi riteniamo vero quanto riportato prima, che cioè virtù o vizio non sono nulla, e le cose sono buone o cattive solo a giudizio personale: il che, come la retta ragione dimostra, è massima empietà e ingiustizia.

7. Noi invece sosteniamo che fato ineluttabile è soltanto questo, che esiste un premio per chi sceglie il bene, e parimenti giusti castighi per chi sceglie il contrario: perché Dio ha fatto l'uomo non come gli altri esseri, come alberi e quadrupedi, incapaci di agire per libera scelta. Infatti non sarebbe meritevole né di ricompensa né di lode, se non scegliesse egli stesso il bene, ma fosse buono per natura; né, se fosse cattivo, sarebbe giusto che ricevesse una punizione, poiché non sarebbe tale per una scelta, bensì perché non potrebbe essere diverso da come è.

Anche Platone si rifà a Mosè

XLIV. - 1. Questi insegnamenti ci diede il santo Spirito Profetico dicendo, per bocca di Mosè, che Dio così parlò al primo uomo da Lui plasmato: "Ecco dinanzi a te il bene ed il male; scegli il bene".

2. Ed ancora, attraverso Isaia, l'altro Profeta, a questo proposito così parlò in persona di Dio, Padre e Signore di tutte le cose: "Lavatevi, purificatevi, sgombrate le iniquità dalle vostre anime, imparate a fare il bene, proteggete l'orfano e rendete giustizia alla vedova; e poi venite e discutiamo - dice il Signore -; e se anche i vostri peccati sono come porpora, li renderò bianchi come lana; e se sono come cremisi, li renderò bianchi come neve. E se volete e mi ascoltate, gusterete i beni della terra; ma se non mi ascolterete, una spada vi divorerà. Poiché la bocca del Signore così ha parlato".

3. La frase citata: "Una spada vi divorerà" non significa che i disobbedienti saranno uccisi con spade; la spada di Dio è il fuoco, di cui divengono pasto quanti scelgono di operare il male. Per questo dice: "Una spada vi divorerà. Poiché la bocca del Signore così ha parlato". Se avesse parlato di una spada che taglia e che subito separa, non avrebbe detto "divorerà".

4. Cosicché, quando Platone disse: "La colpa è di chi

sceglie, Dio non è responsabile", prese il concetto da Mosè, poiché Mosè è più antico anche di tutti gli scrittori greci.

5. Tutte le teorie formulate da filosofi e poeti sull'immortalità dell'anima, o sulle punizioni dopo morte, o sulla contemplazione delle cose celesti, o su simili dottrine, essi le hanno potute comprendere e le hanno esposte prendendo le mosse dai Profeti.

6. Per questo appaiono esserci segni di verità presso tutti costoro. Li si può però accusare di non aver inteso giustamente, quando si contraddicono tra loro.

7. Perciò, quando noi diciamo che è stato profetizzato il futuro, non intendiamo dire che esso si compia per fatale necessità; ma Dio, poiché preconosce tutte le azioni degli uomini ed ha stabilito che ciascuno riceverà la ricompensa adeguata al suo comportamento, ci ammonisce, attraverso lo Spirito profetico, che da Lui sarà stabilita una ricompensa degna delle azioni, guidando il genere umano a comprendere ed a ricordare sempre, e mostrando che Egli se ne occupa e provvede.

8. E' per influsso dei demoni cattivi che fu designata la pena di morte contro quanti leggessero i libri di Istaspe o della Sibilla o dei Profeti, per distogliere con la paura gli uomini dal leggerli e dal prendere conoscenza del bene, e per poterli tenere sottomessi a loro.

9. Ma non poterono fare ciò fino alla fine. Infatti noi

non solo li leggiamo senza paura, ma li offriamo anche al vostro esame - come vedete - sapendo che appariranno graditi a tutti. E se anche riuscissimo a persuadere pochi, avremmo guadagnato moltissimo: come buoni agricoltori, riceveremo la ricompensa del padrone.

La glorificazione di Cristo

XLV. - 1. Sentite come il Profeta Davide preannunziò che Dio, Padre di ogni cosa, avrebbe innalzato al cielo Cristo, dopo la Sua resurrezione dai morti; e che lo avrebbe tenuto finché avesse abbattuto i demoni suoi nemici e si fosse completato il numero dei buoni e dei virtuosi già preconosciuti, per merito dei quali Egli non ha ancora operato la conflagrazione.

2. Ecco le Sue parole: "Disse il Signore al mio Signore: Siedi alla mia destra, finché abbia posto i tuoi nemici a sgabello dei tuoi piedi. Uno scettro di potenza ti invierà il Signore da Gerusalemme: e domina in mezzo ai tuoi nemici. Con te il dominio nel giorno della tua potenza, nei fulgori dei tuoi santi; dal seno ti generai prima della stella mattutina".

3. La frase: "Uno scettro di potenza ti invierà da Gerusalemme" è profetica della parola potente, che i Suoi apostoli, usciti da Gerusalemme, diffusero ovunque; e, sebbene sia stabilita la pena di morte contro chi insegna o solo professa il nome di Cristo, noi lo abbracciamo e lo insegniamo dappertutto.

4. Se anche voi leggerete queste parole da nemici, non potete far altro che ucciderci, come dicevamo: ma questo non reca alcun danno a noi, bensì procura a voi, ed a tutti quelli che ingiustamente ci odiano e non se ne ravvedono, la punizione eterna attraverso il

fuoco.

Gli uomini vissuti prima di Cristo

XLVI. - 1. Affinché nessuno, sragionando, cerchi di distorcere i nostri insegnamenti - poiché affermiamo che Cristo è nato centocinquant'anni fa sotto Cirino, e ci insegnò quello che noi diciamo, qualche tempo dopo, sotto Ponzio Pilato - e obietti che tutti gli uomini che vissero prima sarebbero irresponsabili, noi preverremo e scioglieremo questa difficoltà.

2. Ci è stato insegnato che Cristo è il primogenito di Dio, ed abbiamo già dimostrato che Egli è il Logos di cui fu partecipe tutto il genere umano.

3. E coloro che vissero secondo il Logos sono cristiani, anche se furono giudicati atei, come, tra i Greci, Socrate ed Eraclito ed altri come loro; tra i barbari, Abramo ed Anania ed Azaria e Misaele ed altri molti, l'elenco delle cui opere e dei cui nomi ora tralasciamo, sapendo che è troppo lungo.

4. Cosicché anche quelli che erano nati prima ed erano vissuti non secondo il Logos, furono malvagi e nemici di Cristo ed uccisori di quanti vivevano secondo il Logos. Quanti invece sono vissuti e vivono secondo il Logos, sono cristiani, ed impavidi ed imperturbabili.

5. Per quale causa, poi, per virtù del Logos, secondo il volere di Dio, Padre e Signore di ogni cosa, sia stato concepito da una vergine un uomo, e sia stato

chiamato Cristo, e, crocifisso e morto, sia resuscitato ed asceso al cielo, chiunque sia dotato di intelligenza potrà comprenderlo da quanto è stato detto.

6. Noi pertanto, poiché per ora tale argomento non è necessario alla nostra dimostrazione, passeremo alle dimostrazioni che urgono in questo momento.

La devastazione della Giudea

XLVII. - 1. Quanto al fatto che la terra dei Giudei sarebbe stata devastata, ascoltate ciò che è stato detto dallo Spirito Profetico. Le parole sono pronunciate come per bocca di popoli che si meravigliano dell'accaduto.

2. Eccole: "E' diventata deserta Sion, come un deserto è diventata Gerusalemme; è in maledizione l'edificio, nostro santuario; e la gloria, di cui si vantarono i nostri padri, è stata bruciata e tutti i suoi ornamenti caddero. E di fronte a tali avvenimenti rimanesti immobile e tacesti e gravemente ci umiliasti": che Gerusalemme sia stata resa deserta, come era stato predetto, non potete non essere persuasi.

3. Dal profeta Isaia era stato così predetto, oltre che la sua devastazione, anche il fatto che sarebbe stato proibito a ciascuno di loro di abitarvi: "La loro terra sarà deserta, e dinanzi a loro i nemici la divoreranno, e non vi sarà tra loro chi abiti in essa".

4. Voi sapete benissimo che essa è sorvegliata da voi affinché nessuno vi abiti, e che è comminata la morte per qualunque giudeo sia sorpreso ad entrarvi.

La predizione dei miracoli

XLVIII- - 1. Udite che fu predetto che il nostro Cristo avrebbe guarito ogni malattia ed avrebbe resuscitato i morti.

2. Ecco: "Alla Sua venuta lo zoppo salterà come cervo e sarà sciolta la lingua dei muti; i ciechi vedranno ed i lebbrosi saranno purificati ed i morti resusciteranno e cammineranno".

3. Che Egli abbia compiuto queste azioni, lo potete apprendere dagli Atti redatti sotto Ponzio Pilato.

4. E come è stato vaticinato dallo Spirito Profetico che Egli sarebbe stato ucciso insieme con quanti sperano in Lui?

5. Ascoltate queste parole di Isaia: "Vedi come il giusto perì e nessuno lo accoglie nel cuore; e gli uomini giusti sono uccisi e nessuno se ne dà pensiero. Dalla faccia dell'ingiustizia è stato tolto di mezzo il giusto, e sarà in pace il suo sepolcro; egli è stato tolto di mezzo".

I Gentili accolgono con gioia il Cristo

XLIX. - 1. Ed ancora: ecco come è stato predetto dallo stesso Isaia che i popoli che non l'attendevano l'avrebbero adorato, mentre i Giudei, che l'avevano atteso, non l'avrebbero riconosciuto alla Sua comparsa. Le parole sono riferite come pronunciate dalla persona di Cristo stesso.

2. Eccole: "Fui conosciuto da quelli che non domandavano di me, fui trovato da quelli che non mi cercavano. Dissi - Eccomi - alle genti che non invocavano il mio nome. Ho disteso le mani ad un popolo incredulo e renitente, a coloro che camminano per una via non retta, bensì seguendo i loro peccati. Il popolo è quello che mi provoca a sdegno di fronte a me".

3. I Giudei infatti, pur avendo le Profezie, ed essendo sempre in attesa di Cristo, quando venne non Lo riconobbero; non solo: Lo uccisero.

4. Invece i Gentili che non avevano mai udito parlare di Cristo, finché gli Apostoli, usciti da Gerusalemme, non Lo fecero conoscere e diffusero le Profezie, pieni di gioia e di fede, rinnegarono gli idoli e si consacrarono al Dio ingenerato, mediante Cristo.

5. Ascoltate ora dalle brevi parole di Isaia come fossero preconosciute le calunnie che sarebbero state lanciate contro chi confessa Cristo, e come sarebbero

stati sciagurati coloro che Lo bestemmiano, affermando che è conveniente conservare le antiche tradizioni. Ecco le sue parole: "Guai a chi dice amaro il dolce e dolce l'amaro".

La predizione della Passione

L. - 1. Udite le Profezie pronunciate a proposito del fatto che Cristo, fattosi uomo per noi, sopportò di patire e di essere infamato e che di nuovo sarebbe ritornato in gloria.

2. Eccole: "In cambio dell'essere stata consegnata a morte la Sua anima e dell'essere annoverato tra gli iniqui, Egli prese su di sé i peccati di molti e propizierà il perdono agli iniqui".

3. "Ecco il mio servo intenderà e sarà innalzato e molto glorificato. Come molti stupiranno su di te, così il tuo aspetto e la tua fama saranno disprezzati dagli uomini; così molte genti si meraviglieranno ed i re chiuderanno la loro bocca. Poiché coloro ai quali Egli non fu annunziato, crederanno, e quelli che non ne hanno udito parlare comprenderanno".

4. "Signore, chi prestò fede alle nostre parole? E il braccio del Signore a chi fu svelato? L'annunziammo all'aspetto come un fanciullino, come radice in terra arida. Non ha parvenza né splendore, e noi lo vedemmo, e non aveva parvenza né bellezza, ma il Suo aspetto era spregevole e manchevole dinanzi agli uomini; uomo che era coperto di piaghe, cosciente di subire patimenti, poiché il suo volto fu stravolto, disonorato e non considerato. Questi prende su di sé i nostri peccati e soffre per noi, e noi comprendemmo

che era sofferente, con piaghe e mali. Egli fu piagato per le nostre iniquità e ridotto allo sfinimento per i nostri peccati. Un ammaestramento di pace è su di Lui, per le Sue lividure noi fummo guariti. Tutti come pecore traviammo, l'uomo dalla sua via traviò; Egli consegnò se stesso per i nostri peccati e non aprì bocca, pur tra i maltrattamenti. Come pecora fu condotto al sacrificio e come agnello muto davanti a chi lo tosa, così non aprì bocca. Nell'umiliazione fu giudicato".

5. Dopo la crocifissione, persino i Suoi discepoli Lo abbandonarono tutti dopo averlo rinnegato; in seguito, però - dopo che fu resuscitato dai morti ed apparve a loro, e dopo che ebbe insegnato a leggere le Profezie nelle quali erano predetti tutti questi avvenimenti -, essi, vistolo ascendere al cielo credettero e ricevettero di lassù la forza inviata loro da Lui, andarono presso ogni stirpe umana, insegnarono queste cose e furono chiamati apostoli.

L'Ascensione e la gloria

LI. - 1. Lo Spirito Profetico, per indicarci che chi subisce queste sofferenze ha un'origine inesprimibile e regna sui nemici, così disse:

2. "Chi potrà narrare la sua origine? Poiché la Sua vita si innalza dalla terra, per i loro peccati va a morte. Metterò i malvagi di fronte alla sepoltura di Lui ed i ricchi davanti alla Sua morte, poiché non commise iniquità né fu trovato inganno sulla Sua bocca. Ed il Signore vuole purificarlo della piaga. Se voi Lo date per il peccato, la vostra anima vedrà un seme di lunga vita. Ed il Signore vuole strappare dal travaglio l'anima Sua; mostrarGli luce e plasmarlo con l'intelligenza, giustificare il giusto che bene serve a molti; ed i nostri peccati Egli porterà. Per questo avrà in eredità molti e dividerà le spoglie dei forti; per questo fu consegnata a morte la Sua anima e fu annoverato tra gli iniqui ed Egli portò i peccati di molti e per le loro iniquità fu consegnato".

3. Ascoltate come Egli fosse anche destinato ad ascendere al cielo, secondo quanto era stato profetato. Così fu detto: "Alzate le porte dei cieli, apritele, affinché il re della gloria vi entri. Chi è questo re della gloria? Un Signore forte, un Signore potente".

4. Ascoltate come fu predetto dal profeta Geremia anche il fatto che Egli sarebbe ricomparso dai cieli

nella gloria. Ecco le sue parole: "Vedi, come un figlio di uomo viene sopra le nubi del cielo ed i suoi angeli con Lui".

Si avvererà anche la seconda venuta di Cristo

LII - 1. Poiché dunque noi abbiamo dimostrato che gli avvenimenti sono stati tutti vaticinati dai Profeti prima che accadessero, bisogna credere che anche quelli, di cui similmente si è profetizzato l'accadimento, certamente accadranno.

2. Come infatti si avverarono gli avvenimenti preannunziati ed ancora sconosciuti, nello stesso modo si avvereranno anche i rimanenti, sebbene non li si conosca e non vi si creda.

3. Infatti i Profeti predissero due venute di Lui: una, già accaduta, come uomo senza onore e passibile di sofferenza; l'altra, quando avverrà con gloria dai cieli con la schiera dei Suoi angeli - come è stato preannunziato -, allorché resusciterà anche i corpi di tutti gli uomini che sono vissuti; e rivestirà quelli dei giusti di immortalità e manderà nel fuoco eterno quelli degli ingiusti, a percepire eternamente sofferenza, con i demoni malvagi.

4. Dimostreremo che anche questo è stato predetto.

5. Dal profeta Ezechiele così è stato detto: "Si ricongiungerà giuntura a giuntura ed osso ad osso, e le carni ricresceranno. Ed ogni ginocchio si piegherà al Signore ed ogni lingua Lo confesserà".

6. In quale tipo di sensibilità e di pena si troveranno gli ingiusti? Ascoltate quanto fu detto similmente a questo proposito. Ecco le parole: "Il loro verme non avrà fine ed il loro fuoco non si estinguerà". Ed allora si pentiranno, quando non servirà più a nulla.

7. Dal profeta Zaccaria è stato così profetato quanto diranno e faranno i popoli dei Giudei, quando Lo vedranno comparire nella gloria: "Comanderò ai quattro venti di raccogliere i figli dispersi: comanderò a Borea di portarli ed a Noto di non far opposizione".

8. "Ed allora in Gerusalemme vi sarà gran pianto, ma non pianto di bocche o di labbra, bensì pianto di cuore, e lacereranno non i loro mantelli, ma le loro menti. Si batteranno il petto tribù con tribù ed allora vedranno a chi fecero strazio e diranno: - 'Perché, Signore ci facesti deviare dalla Tua via? La gloria, di cui si vantarono i nostri padri, si tramutò per noi in vergogna'".

I cristiani provenienti dai Gentili

LIII. - 1. Pur potendo citare anche altre Profezie, vi abbiamo rinunciato, giudicando che queste fossero sufficienti a persuadere coloro che hanno orecchie capaci di udire e di intendere; pensiamo anche che costoro possano capire come a noi, ben diversamente dai poeti che hanno raccontato favole intorno ai supposti figli di Zeus, non capita di fare affermazioni senza poterle dimostrare.

2. Per quale ragione infatti presterebbero fede ad un uomo crocifisso, credendo che Egli sia il primogenito del Dio ingenerato e che giudicherà tutto il genere umano, se non avessimo trovato intorno a Lui delle prove proclamate prima che Egli comparisse come uomo, e non vedessimo che esse si sono esattamente avverate:

3. la terra dei Giudei fatta deserta; persone d'ogni stirpe umana, rese credenti dall'insegnamento dei Suoi apostoli, rifiutare gli antichi costumi, nei cui traviamenti erano vissuti; vedere noi stessi e sapere che vi sono più cristiani, e più sinceri, provenienti dai Gentili che non dai Giudei e Samaritani?

4. (Perché tutte le altre stirpi umane sono chiamate, dallo Spirito profetico, Genti, mentre quella giudaica e samaritana sono chiamate tribù di Israele e casa di Giacobbe).

5. Riferiremo come è stato profetato che sarebbero stati più numerosi i credenti provenienti dai Gentili che dai Giudei e Samaritani. Così fu detto: "Gioisci, o sterile, che non partorisci; prorompi e grida, tu che non hai doglie, perché molti sono i figli della derelitta, più di colei che ha marito".

6. Tutte le genti, che adoravano le opere delle loro mani, erano infatti derelitte del vero Dio. Invece Giudei e Samaritani, che avevano la parola di Dio detta a loro attraverso i Profeti, e che avevano sempre atteso il Cristo, quando venne non lo riconobbero, eccetto alcuni pochi, dei quali il Santo Spirito Profetico, per bocca di Isaia, aveva predetto che sarebbero stati salvi.

7. Disse infatti, come se fossero loro stessi a parlare: "Se il Signore non ci avesse lasciato un seme, saremmo divenuti come Sodoma e Gomorra".

8. Di Sodoma e Gomorra, infatti, racconta Mosè che furono città di uomini empi, e che Dio le distrusse bruciandole nel fuoco e nello zolfo; dei suoi abitanti non sarà salvo nessuno, eccetto uno straniero di stirpe caldea, chiamato Lot. Con lui si salvarono anche le figlie.

9. Chiunque voglia, può vedere tutta la loro terra deserta e bruciata e rimasta infeconda. A dimostrazione, poi, che i provenienti dai Gentili erano già previsti come più autentici e più fedeli, riferiremo le parole del profeta Isaia. Eccole: "Israele è incirconciso di cuore, i Gentili di prepuzio".

10. Prove del genere dunque possono inculcare persuasione in quanti bramano la verità e non seguono le opinioni né sono schiavi delle passioni.

I demoni inventarono molte favole...

LIV. - 1. Coloro che insegnano le mitiche invenzioni dei poeti non offrono alcuna dimostrazione ai giovani discepoli; anzi, dimostriamo che esse sono state create dai cattivi demoni per ingannare e traviare il genere umano.

2. Infatti, avendo udito preannunziare dai Profeti la venuta di Cristo e la punizione degli empi nel fuoco, i demoni offrivano di rimando le favole di molti che si dicevano figli di Zeus, pensando che avrebbero potuto far sì che gli uomini considerassero le Profezie di Cristo come racconti fantastici, simili a quelli propalati dai poeti.

3. Questi miti furono diffusi sia tra gli Elleni sia tra tutti i Gentili, dove sentivano maggiormente preannunciare dai Profeti che si sarebbe prestato fede a Cristo.

4. Noi spiegheremo come, pur udendo le Profezie dei Profeti, non le capissero bene, ma come, errando, contraffacessero ciò che invece era riferito al nostro Cristo.

5. Dunque il profeta Mosè, come abbiamo detto, è più antico di tutti gli scrittori e per bocca sua - come abbiamo già indicato- fu profetizzato così: "Non mancherà un principe da Giuda ed un duce dal suo fianco, finché venga colui al quale è stato riservato.

Ed Egli sarà l'atteso delle genti, egli che lega alla vite il suo puledro, e che lava la sua veste nel sangue dell'uva".

6. Udite queste parole profetiche, i demoni favoleggiarono di un certo Dioniso, figlio di Zeus: tramandarono che fu inventore della vite - introducono anche il vino nei suoi misteri - ed insegnarono che, dopo essere stato dilaniato, ascese al cielo.

7. Ma poiché dalla profezia di Mosè non era chiaramente indicato se fosse figlio di Dio colui che doveva venire, e se, montato su un puledro, sarebbe rimasto sulla terra od asceso al cielo, e poiché la parola "puledro" poteva indicare il puledro sia di asino sia di cavallo, non sapendo se il vaticinato avrebbe indicato la propria comparsa conducendo un puledro d'asino o di cavallo e se fosse figlio di Dio, come abbiamo detto, o di uomo, inventarono il mito di Bellerofonte, che, uomo nato da uomini, anche lui, sul cavallo Pegaso, era salito al cielo.

8. Poiché udirono dall'altro profeta, Isaia, che sarebbe stato generato da una vergine, e che sarebbe salito al cielo da sé, tirarono fuori la storia di Perseo.

9. Quando poi conobbero che quanto di Lui era detto, così era scritto nella profezia già citata, "Forte come gigante a correre la via", parlarono di Eracle, forte e capace di percorrere tutta la terra.

10. Quando infine appresero che era stato predetto

che Egli avrebbe guarito tutte le malattie e risuscitato i morti, introdussero Asclepio.

... ma non poterono imitare il supplizio della croce

LV. - 1. Tuttavia in nessun luogo e per nessuno dei cosiddetti figli di Zeus imitarono la pena della crocifissione. Questo non poteva essere da loro compreso, dal momento che tutto ciò che era stato detto al riguardo era in forma di simbolo, come è stato dimostrato.

2. E questo, come disse il Profeta, è il più grande segno della forza e del potere di Lui, come dimostra anche ciò che cade sotto i nostri occhi. Considerate infatti tutto ciò che c'è nel mondo: senza questa figura potrebbe costruirsi od avere connessione?

3. Il mare non si fende, se questo trofeo, col nome di vela, non rimane integro sulla nave. E la terra non è arata senza di esso. Gli zappatori non compiono il loro lavoro - e così i meccanici -, se non hanno arnesi di questa forma.

4. La figura dell'uomo non differisce in nulla da quella degli esseri irrazionali, se non nella posizione eretta, nell'avere mani estensibili e nel fatto di portare sul volto, prominente sotto la fronte, quello che si chiama naso, per mezzo del quale l'essere vivente respira: e questo non mostra altro che la forma della croce.

5. Dal Profeta fu detto così: "Il respiro della nostra

faccia è Cristo Signore".

6. Anche i vostri emblemi - intendo dire vessilli e trofei - dimostrano la potenza di questa figura ed è con essi che voi, dovunque, sfilate, mostrando, anche se lo fate senza avvedervene, i segni del comando e del potere.

7. In questa forma ancora elevate le immagini dei vostri imperatori, quando muoiono e voi li chiamate dèi, nelle iscrizioni che vi apponete.

8. Pertanto, poiché abbiamo fatto quanto era nelle nostre facoltà per convincervi, attraverso l'argomentazione e l'evidenza di questo segno, ormai sappiamo di non avere colpa anche se non ci credete: il nostro dovere è assolto e terminato.

Ancora sugli impostori contrapposti a Cristo

LVI. - 1. Ma i malvagi demoni non si contentarono, prima della comparsa di Cristo, di dire che sono esistiti i cosiddetti figli di Zeus; anzi, quando, dopo la Sua comparsa e venuta tra gli uomini, appresero come Egli fosse stato preannunziato dai Profeti e si resero conto che fra ogni gente era creduto ed atteso, ancora una volta, come prima avevano mostrato, tiravano fuori altri personaggi: Simone e Menandro di Samaria che, esercitando arti magiche, ingannarono, e tengono tuttora nell'inganno molti.

2. Simone, vissuto - come dicemmo prima - tra di voi nella Roma imperiale, sotto l'imperatore Claudio, colpì a tal punto il sacro Senato ed il popolo romano che fu considerato un dio e fu onorato di una statua, come gli altri onorati quali dèi da voi.

3. Perciò noi preghiamo il sacro Senato ed il vostro popolo di farsi con voi esaminatori di questa nostra richiesta, affinché, se qualcuno fosse succube delle sue dottrine, possa apprendere la verità e fuggire l'errore. E la statua, se volete, abbattetela.

Noi non temiamo le morte

LVII. - 1. I cattivi demoni non riescono a persuadere che non esiste il fuoco come punizione per gli empi, così come non poterono tenere nascosta la venuta di Cristo. Solo questo possono fare: che chi vive contro ragione, è cresciuto perversamente nei cattivi costumi ed è schiavo delle false opinioni, ci uccida e ci odi. Noi comunque non solo non li odiamo, ma - come è dimostrato - ne abbiamo pietà e desideriamo persuaderli a cambiare.

2. Infatti non temiamo la morte, poiché sappiamo che, comunque, si muore e che non c'è niente di nuovo, ma in questo ordine di cose ritornano sempre le medesime realtà. Se di esse sente nausea chi ne fruisce anche solo per un anno, per essere per sempre liberi da passioni e da bisogni, occorre approdare alle nostre dottrine.

3. Se poi si mostrano increduli asserendo che non c'è nulla dopo la morte e dichiarano che i morti raggiungono l'insensibilità, a noi fanno del bene, sottraendoci ai patimenti ed alle necessità di quaggiù; mentre, invece, mostrano se stessi malvagi, non umani e schiavi delle opinioni: infatti ci uccidono non per liberarci, ma per i privarci della vita e del piacere.

L'opera nociva di Marcione

LVIII. - 1. Come abbiamo detto, i cattivi demoni esibirono anche Marcione del Ponto, il quale ancora oggi insegna a negare Dio creatore di tutte le cose del cielo e della terra e Cristo Suo figlio, preannunziato dai Profeti; egli annunzia una sorta di altro dio accanto al Creatore dell'universo, e parimenti un altro figlio.

2. Molti, prestandogli fede, come se fosse il solo a sapere la verità, si burlano di noi pur non avendo alcuna prova delle loro affermazioni; irragionevolmente, come agnelli afferrati dal lupo, diventano preda delle dottrine atee e di demoni.

3. Infatti questi demoni non aspirano ad altro che ad allontanare gli uomini dal Dio che li ha creati e dal Suo primogenito, Cristo. Quanti non riescono ad innalzarsi dalla terra, essi li inchiodarono e li inchiodano alle cose terrene e costruite dalle mani dell'uomo, mentre subdolamente sviano e gettano nell'empietà quanti intendono volgersi alla contemplazione delle cose di Dio se non sono dotati di salde capacità di ragionamento e non conducono una vita pura e libera da passioni.

Come Platone ha attinto dai Profeti

LIX. - 1. Affinché sappiate anche che Platone ha attinto dai nostri maestri - intendiamo dire dalle parole dei Profeti - l'affermazione secondo cui Dio, trattando la materia amorfa, fece il mondo, ascoltate le precise parole di Mosè, che già abbiamo mostrato essere il primo Profeta e più antico degli scrittori greci:

2. per mezzo di lui lo Spirito Profetico, rivelando in quale modo, al principio, e da quali elementi Dio abbia creato il mondo, disse così: "In principio Dio creò il cielo e la terra. La terra era invisibile ed informe, e tenebra sull'abisso; e lo Spirito di Dio si librava sulle acque. E Dio disse - Sia la luce - e così fu".

3. È così che Platone, con quanti la pensano come lui, ed anche noi stessi, abbiamo appreso che tutto il cosmo è opera del Logos di Dio con gli elementi prima indicati da Mosè: e voi potete persuadervene.

4. Sappiamo che anche quello che i poeti chiamano Erebo è già stato nominato prima da Mosè.

LX. - 1. L'affermazione contenuta nel Timeo di Platone a proposito della natura del Figlio di Dio, quando dice: "Lo dispose nell'universo a forma di X", è stata anch'essa attinta da Mosè.

2. Infatti nei libri di Mosè sta scritto che in quel tempo, quando gli Israeliti uscirono dall'Egitto e si trovarono nel deserto, si fecero loro incontro animali velenosi, vipere, aspidi ed ogni sorta di serpenti che uccidevano il popolo; e che, per ispirazione e per opera di Dio, Mosè prese del bronzo, gli diede forma di croce, lo pose sul santo tabernacolo e disse al popolo: "Se guardate a questa figura ed avete fede in essa sarete salvati".

3. Scrisse che, fatto ciò, i serpenti morirono e tramandò che il popolo sfuggì così alla morte.

4. Platone, letto questo, non capendo esattamente e non comprendendo che il segno era quello della croce, ma pensando a una X, affermò che la Virtù, che viene seconda dopo il Dio principio primo, è disposta a forma di X nell'universo.

5. Quanto al fatto che parli di un terzo principio, si spiega così: egli - come abbiamo detto prima - lesse scritto in Mosè che lo Spirito di Dio si librava sopra le acque. Il secondo posto lo assegna al Logos di Dio, che dice essere disposto a forma di X nell'universo, ed il terzo allo Spirito di cui è detto che si muoveva sopra le acque. Infatti dice: "Le terze cose intorno al terzo".

6. Ascoltate ora come lo Spirito Profetico abbia preannunziato attraverso Mosè la conflagrazionè. Ecco le sue parole: "Scenderà un fuoco eterno e divorerà fino al fondo dell'abisso".

7. Non siamo noi pertanto a professare dottrine eguali ad altri, ma tutti gli altri ad imitare e ripetere le nostre.

8. Presso di noi si possono ascoltare ed apprendere da chi neppure conosce il carattere dell'alfabeto, ignoranti e barbari di linguaggio, ma sapienti e fedeli di mente, alcuni persino infermi e privi della vista: dal che si può capire che questo avviene non per sapienza umana, ma per potenza di Dio.

Il battesimo

LXI. - 1. Esporremo in quale modo ci siamo consacrati a Dio, rinnovati da Cristo, affinché non sembri che, tralasciando questa parte, viziamo in qualche modo la nostra esposizione.

2. A quanti siano persuasi e credano che sono veri gli insegnamenti da noi esposti, e promettano di saper vivere coerentemente con questi, si insegna a pregare ed a chiedere a Dio, digiunando, la remissione dei peccati, mentre noi preghiamo e digiuniamo insieme con loro.

3. Poi vengono condotti da noi dove c'è l'acqua, e vengono rigenerati nello stesso modo in cui fummo rigenerati anche noi: allora infatti fanno il lavacro nell'acqua, nel nome di Dio, Padre e Signore dell'universo, di Gesù Cristo nostro salvatore e dello Spirito Santo.

4. Poiché Cristo disse: "Se non sarete rigenerati, mai entrerete nel regno dei cieli": è chiaro a tutti che è impossibile, una volta che si sia nati, rientrare nel ventre della madre.

5. E dal profeta Isaia - come prima scrivemmo - è stato detto in che modo sfuggiranno ai peccati coloro che hanno peccato e si pentono. Ecco le sue parole: "Lavatevi, divenite puri, allontanate il male dalle vostre anime, imparate a fare il bene, difendete

l'orfano, rendete giustizia alla vedova; allora venite e ragioniamo - dice il Signore. - E se anche i vostri peccati sono come porpora, li renderò bianchi come lana; e se anche sono come cremisi, li renderò bianchi come neve; ma se non mi ascolterete, una spada vi divorerà. Così infatti parlò la bocca del Signore".

6. E in proposito ecco la ragione che apprendemmo dagli apostoli. Poiché, nulla sapendo della nostra prima generazione, secondo necessità siamo stati generati da umido seme per l'unione dei genitori, e per natura abbiamo cattivi costumi e malvagie inclinazioni, per non rimanere figli di necessità e di ignoranza, bensì di libera scelta e di sapienza, e per ottenere la remissione dei peccati commessi prima, su colui che ha deciso di rigenerarsi e si è pentito dei peccati si invoca, nell'acqua, il

nome di Dio, Padre e Signore dell'universo: e questo solo nome pronuncia chi conduce al lavacro colui che deve sottoporvisi.

7. Nessuno infatti può dare un nome al Dio ineffabile; e se qualcuno osasse dire che ne esiste uno, sarebbe inguaribilmente pazzo.

8. Questo lavacro si chiama "illuminazione", poiché coloro che comprendono queste cose sono illuminati nella mente. E chi deve essere illuminato viene lavato nel nome di Gesù Cristo, crocifisso sotto Ponzio Pilato; e nel nome dello Spirito Santo, che ha preannunziato per mezzo dei Profeti tutti gli eventi riguardanti Gesù.

La controrisposta dei demoni

LXII. - 1. Ebbene, sentito parlare di questo lavacro preannunziato dai Profeti, i demoni fecero in modo che chi entrava nei loro templi e intendeva avvicinarsi a loro per offrire libagioni e sacrifici, dovesse aspergersi; ordinano anzi un'abluzione completa prima dell'entrata nei templi dove essi sono collocati.

2. Infatti, anche questa regola secondo cui i sacerdoti comandano ai fedeli di entrare nei templi per celebrare i loro riti solo dopo essersi scalzati, i demoni hanno appresa ed imitata da quanto accadde a Mosè, il profeta già citato.

3. Infatti nel tempo in cui a Mosè fu ordinato di scendere in Egitto e di trarre fuori il popolo degli Israeliti che là si trovava, mentre egli nella terra d'Arabia pasceva le pecore dello zio materno, da un rovo, sotto forma di fuoco, gli parlò il nostro Cristo e gli disse: "Lèvati i calzari, avvicinati ed ascolta".

4. Ed egli, scalzatosi ed avvicinatosi, udì che doveva scendere in Egitto e condurre fuori il popolo degli Israeliti. Prese forza e vigore da Cristo, che gli aveva parlato sotto forma di fuoco, e, sceso, condusse fuori il popolo dopo aver compiuto gesta grandi e mirabili: se volete conoscerle, le potete apprendere nei particolari dai suoi libri.

Il Logos parlò a Mosè dal roveto

LXIII. - 1. Tutti i Giudei anche ora insegnano che il Dio ineffabile ha parlato a Mosè. Per questo lo Spirito Profetico, rimproverandoli per bocca del già nominato profeta Isaia - come scrivemmo sopra - disse: "Il bue conosce il suo padrone e l'asino la mangiatoia del suo padrone, ma Israele non conobbe me ed il suo popolo non mi ascoltò".

2. E Gesù Cristo, egualmente li rimproverò e disse: "Nessuno conosce il Padre se non il Figlio, né il Figlio se non il Padre, e coloro a cui il Figlio l'abbia rivelato".

3. Il Logos di Dio è Suo figlio, come abbiamo già detto. Questi è chiamato "inviato" e "nunzio", poiché è lui ad annunziare che cosa bisogna conoscere, ed è inviato per spiegare quanto viene annunziato, come disse anche il Signore nostro: "Chi ascolta me ascolta colui che mi ha inviato".

4. Questo apparirà chiaro anche negli scritti di Mosè. In essi è detto così: "E parlò a Mosè l'inviato di Dio nella vampa di fuoco dal rovo e disse: Io sono colui che è, Dio di Abramo, Dio di Isacco, Dio di Giacobbe, il Dio dei tuoi padri. Scendi in Egitto e conduci fuori il mio popolo".

5. Se volete, potete apprendere il resto da quei libri, poiché non è possibile riportarne tutto il contenuto.

6. Ma queste parole stanno a dimostrare che Gesù Cristo è figlio ed inviato di Dio: egli che prima era Logos, apparso ora in forma di fuoco ora in immagine incorporea, al nostro tempo, per volere di Dio fattosi uomo per amore del genere umano, sopportò anche di patire quanto i demoni gli procurarono per opera degli stolti Giudei.

7. Costoro, pur trovando chiaramente scritto nei libri di Mosè "E l'inviato di Dio parlò a Mosè in vampa di fuoco dal rovo, e disse - Io sono colui che è, il Dio di Abramo, il Dio di Isacco, il Dio di Giacobbe -", sostengono che queste parole furono pronunciate dal Padre e creatore dell'universo. Proprio per questo lo Spirito Profetico li rimproverò, dicendo: "Israele non mi conobbe ed il popolo non mi comprese".

8. A sua volta Gesù, come abbiamo mostrato, stando in mezzo a loro, disse: "Nessuno conosce il Padre se non il Figlio; nessuno il Figlio se non il Padre, e coloro ai quali il Figlio l'ha rivelato".

9. Poiché dunque i Giudei ritennero che fosse sempre il Padre dell'universo a parlare a Mosè - mentre invece colui che parlava era il Figlio di Dio, che è anche chiamato nunzio ed inviato - giustamente vengono rimproverati sia dallo Spirito Profetico sia dallo stesso Cristo, per non avere riconosciuto né il Padre né il Figlio.

10. Quanti infatti affermano che il Figlio è il Padre, sono rimproverati di non conoscere il Padre, e di non sapere che il Padre dell'universo ha un Figlio. Questi,

essendo Logos e primogenito di Dio, è anche Dio. Ed Egli prima apparve a Mosè ed agli altri Profeti in forma di fuoco e di immagine incorporea.

11. Ora invece, al tempo del vostro impero - come abbiamo detto - fattosi uomo da una vergine, secondo il volere del Padre, per la salvezza di quanti credono in Lui, sopportò di essere ritenuto un nulla e di patire, per poter vincere la morte, morendo e risorgendo.

12. Le parole dette a Mosè dal rovo: "Io sono colui che è, il Dio di Abramo, il Dio di Isacco, il Dio di Giacobbe, e il Dio dei tuoi Padri" indicano che essi, anche dopo morti sopravvivono e sono uomini dello stesso Cristo. Infatti, primi fra tutti gli uomini, si diedero alla ricerca di Dio Abramo, padre di Isacco, ed Isacco, padre di Giacobbe, come scrisse anche Mosè.

Le favole di Kore e Atena

LXIV. - 1. Da quanto è stato detto prima potete comprendere come l'innalzare la statua della cosiddetta Kore presso le sorgenti delle acque sia stata opera dei demoni, i quali dicono che essa è Figlia di Zeus, per imitazione delle parole di Mosè.

2. Mosè infatti disse, come abbiamo scritto sopra: "In principio Dio creò il cielo e la terra. La terra era invisibile ed informe, e lo Spirito di Dio si muoveva sopra le acque".

3. Ad imitazione dunque dello Spirito di Dio, di cui è detto che si muoveva sull'acqua, parlarono di Kore, figlia di Zeus.

4. Con analoga malizia, dissero che Atena è figlia di Zeus, nata senza accoppiamento; ma, non appena compresero che Dio, con un atto di pensiero, creò il mondo attraverso il Logos, sostennero che essa è il primo pensiero.

5. Noi riteniamo del tutto ridicolo trasferire una forma di donna a immagine del pensiero. Così pure gli altri cosiddetti figli di Zeus sono condannati dalle loro stesse azioni.

L'Eucaristia

LXV. - 1. Noi allora, dopo aver così lavato chi è divenuto credente e ha aderito, lo conduciamo presso quelli che chiamiamo fratelli, dove essi si trovano radunati, per pregare insieme fervidamente, sia per noi stessi, sia per l'illuminato, sia per tutti gli altri, dovunque si trovino, affinché, appresa la verità, meritiamo di essere nei fatti buoni cittadini e fedeli custodi dei precetti, e di conseguire la salvezza eterna.

2. Finite le preghiere, ci salutiamo l'un l'altro con un bacio.

3. Poi al preposto dei fratelli vengono portati un pane e una coppa d'acqua e di vino temperato; egli li prende ed innalza lode e gloria al Padre dell'universo nel nome del Figlio e dello Spirito Santo, e fa un rendimento di grazie per essere stati fatti degni da Lui di questi doni.

4. Quando egli ha terminato le preghiere ed il rendimento di grazie, tutto il popolo presente acclama: "Amen". La parola "Amen" in lingua ebraica significa "sia".

5. Dopo che il preposto ha fatto il rendimento di grazie e tutto il popolo ha acclamato, quelli che noi chiamiamo diaconi distribuiscono a ciascuno dei presenti il pane, il vino e l'acqua consacrati e ne

portano agli assenti.

E' carne e sangue di quel Gesù incarnato

LXVI. - 1. Questo cibo è chiamato da noi Eucaristia, e a nessuno è lecito parteciparne, se non a chi crede che i nostri insegnamenti sono veri, si è purificato con il lavacro per la remissione dei peccati e la rigenerazione, e vive così come Cristo ha insegnato.

2. Infatti noi li prendiamo non come pane comune e bevanda comune; ma come Gesù Cristo, il nostro Salvatore incarnatosi, per la parola di Dio, prese carne e sangue per la nostra salvezza, così abbiamo appreso che anche quel nutrimento, consacrato con la preghiera che contiene la parola di Lui stesso e di cui si nutrono il nostro sangue e la nostra carne per trasformazione, è carne e sangue di quel Gesù incarnato.

3. Infatti gli Apostoli, nelle loro memorie chiamate vangeli, tramandarono che fu loro lasciato questo comando da Gesù, il quale prese il pane e rese grazie dicendo: "Fate questo in memoria di me, questo è il mio corpo". E parimenti, preso il calice e rese grazie disse: "Questo è il mio sangue"; e ne distribuì soltanto a loro.

4. I malvagi demoni per imitazione, dissero che tutto ciò avveniva anche nei misteri di Mitra. Infatti voi già sapete, o potete apprendere, come nei riti di

iniziazione si introducano un pane ed una coppa d'acqua, mentre si pronunciano alcune formule.

Nel giorno chiamato "del Sole"

LXVII. - 1. Da allora noi ci ricordiamo a vicenda questo fatto. E quelli che possiedono, aiutano tutti i bisognosi e siamo sempre uniti gli uni con gli altri.

2. Per tutti i beni che riceviamo ringraziamo il creatore dell'universo per il Suo Figlio e lo Spirito Santo.

3. E nel giorno chiamato "del Sole" ci si raduna tutti insieme, abitanti delle città o delle campagne, e si leggono le memorie degli Apostoli o gli scritti dei Profeti, finché il tempo consente.

4. Poi, quando il lettore ha terminato, il preposto con un discorso ci ammonisce ed esorta ad imitare questi buoni esempi.

5. Poi tutti insieme ci alziamo in piedi ed innalziamo preghiere; e, come abbiamo detto, terminata la preghiera, vengono portati pane, vino ed acqua, ed il preposto, nello stesso modo, secondo le sue capacità, innalza preghiere e rendimenti di grazie, ed il popolo acclama dicendo: "Amen". Si fa quindi la spartizione e la distribuzione a ciascuno degli alimenti consacrati, ed attraverso i diaconi se ne manda agli assenti.

6. I facoltosi, e quelli che lo desiderano, danno liberamente ciascuno quello che vuole, e ciò che si raccoglie viene depositato presso il preposto. Questi

soccorre gli orfani, le vedove, e chi è indigente per malattia o per qualche altra causa, e i carcerati e gli stranieri che si trovano presso di noi: insomma, si prende cura di chiunque sia nel bisogno.

7. Ci raccogliamo tutti insieme nel giorno del Sole, poiché questo è il primo giorno nel quale Dio, trasformate le tenebre e la materia, creò il mondo; sempre in questo giorno Gesù Cristo, il nostro Salvatore, risuscitò dai morti. Infatti Lo crocifissero la vigilia del giorno di Saturno, ed il giorno dopo quello di Saturno, che è il giorno del Sole, apparve ai suoi Apostoli e discepoli, ed insegna proprio queste dottrine che abbiamo presentato anche a voi perché le esaminiate.

Petizione finale

LXVIII. - 1. Se esse vi sembrano contenere ragione e verità, apprezzatele; se invece vi sembrano sciocchezze, disprezzatele come cose sciocche, ma non stabilite la pena di morte, come contro nemici, contro uomini in nulla colpevoli.

2. Vi prediciamo infatti che, se perseverate nell'ingiustizia, non sfuggirete al futuro giudizio di Dio. E noi grideremo: "Sia fatto ciò che piace a Dio".

3. In base alla lettera del grandissimo ed illustrissimo imperatore Adriano, vostro padre, noi potremmo chiedere che da voi si ordini di sottoporci a processo, come già ve ne abbiamo pregati: tuttavia non vi sottoponiamo tale richiesta in base al decreto di Adriano: abbiamo invece composto questo appello e questa esposizione perché sappiamo di chiedere cose giuste.

4. Abbiamo anche accluso la copia della lettera di Adriano, affinché riconosciate che diciamo la verità anche a questo proposito.

5. Ecco la copia.

A Minucio Fundano

Ho ricevuto una lettera scrittami da Sereno Graniano, uomo illustrissimo, a cui tu sei succeduto. Non mi sembra si debba lasciare questa cosa senza esame, affinché la gente non si agiti, né si offra ai calunniatori la possibilità di fare del male. Se dunque i provinciali possono apertamente sostenere questa istanza contro i cristiani, tanto da rispondere anche dinanzi al tribunale, a questo solo si rivolgano, ma non con petizioni o solo con schiamazzi. Se uno volesse sporgere denunzia, è molto meglio che tu la esamini. Se qualcuno dunque li denuncia e dimostra che hanno fatto qualcosa contro la legge, giudica secondo la gravità della colpa; ma, per Ercole, se si accampasse questa procedura per calunniare, prendi in esame tale malvagità e procura di farne giustizia.

Apologia seconda

I. – 1. Gli avvenimenti accaduti nella vostra città, o Romani, sia ieri sia l'altro ieri, sotto Urbico, e simili assurdità commesse dovunque dai magistrati, mi hanno costretto a comporre questo discorso in nostra difesa, che siamo della vostra stessa natura e fratelli vostri, anche se non lo sapete e se non lo volete riconoscere per la gloria delle vostre supposte dignità.

2. In ogni luogo, infatti, quanti sono ripresi dal padre e da un vicino o dal figlio o da un amico o da un fratello o dal marito o dalla moglie, per una mancanza (eccetto coloro che sono convinti che gli ingiusti e gli intemperanti saranno puniti nel fuoco eterno, mentre i virtuosi, e quanti sono vissuti imitando Cristo, vivranno con Dio senza sofferenze – intendiamo parlare dei cristiani –) questi per la loro ostinazione, l'amore dei piaceri e la riluttanza a seguire il bene, e d'altra parte anche i cattivi demoni, per odio contro noi, tenendo tali giudici come schiavi e sottomessi, cioè questi magistrati indemoniati, si apprestano ad ucciderci.

3. Ma, affinché vi sia chiaro anche la causa di tutto ciò che è accaduto sotto Urbico, vi esporrò i fatti.

La vicenda

II. – 1. Una donna viveva con un marito dissoluto, mentre, in un primo tempo, conduceva vita dissoluta anche lei. Ma, dopo ebbe conobbe gli insegnamenti di Cristo, divenne temperante e si sforzava di persuadere il marito ad esserlo anche lui, riferendogli quegli insegnamenti e preannunciandogli la futura punizione nel fuoco eterno per coloro che non vivono in modo temperante e secondo la retta ragione.

2. Ma quello, permanendo nella sua dissolutezza, finì, con la sua condotta, per alienarsi la moglie.

3. La donna infatti, ritenendo cosa empia continuare a giacere con un marito che cercava in qualunque modo di procurarsi strumenti di piacere contro la legge di natura e contro il giusto, decise di fare la separazione. Poiché però era esortata dai suoi, che la consigliavano di rimanere ancora, confidando in un futuro pentimento del marito, fece forza a se stessa e rimase.

4. Ma dopo che le fu riferito che suo marito, recatosi ad Alessandria, ne faceva di ancora peggiori, per non farsi complice di tali iniquità e scelleratezze, se fosse rimasta con lui nel matrimonio a condividere vita e letto, si separò, ricorrendo a quello che voi chiamate "ripudio".

5. Quel bell'esempio di marito, ben lontano dal rallegrarsi che ella avesse cessato dal comportamento

leggero che prima aveva tenuto con servi e mercenari, quando godeva di orge e di ogni turpitudine, e che cercasse di distogliere anche lui dal compiere simili cose, ha sporto accusa contro di lei, che si era separata contro il suo volere, dicendo che era cristiana.

6. Ella allora presentò a te, o imperatore, una petizione, chiedendo che prima le fosse consentito di provvedere ai suoi affari; poi, sistemate le sue faccende, si sarebbe difesa dall'accusa: e tu glielo hai concesso.

7. Il suo ex–marito, non potendo per il momento dire più nulla contro di lei, si scagliò contro un certo Tolomeo, che le era stato maestro delle dottrine cristiane, e che Urbico condannò. Ecco in qual modo: persuase un centurione, suo amico, che aveva arrestato Tolomeo, a prenderlo e ad interrogarlo solo su questo punto, cioè se fosse cristiano.

8. Poiché Tolomeo, amante della verità e per nulla ingannatore né d'animo menzognero, aveva confessato di essere cristiano, il centurione lo fece mettere in catene e lo condannò alla prigione per molto tempo. Alla fine, quando fu condotto dinanzi ad Urbico, fu di nuovo interrogato solo su questo punto, se fosse cristiano.

9. E di nuovo egli, consapevole dei beni acquistati attraverso l'insegnamento di Cristo, professò gli insegnamenti della divina virtù. Infatti, chi nega qualcosa, o lo nega perché la condanna o rifiuta la

confessione perché sa di esserne indegno od estraneo; ma né l'una né l'altra soluzione sono proprie del vero cristiano.

10. Dopo che Urbico ebbe decretato che fosse condotto a morte, un certo Lucio, anche lui cristiano, vedendo che la sentenza era così irragionevole, disse ad Urbico: "Qual è la ragione per cui hai condannato un uomo che non è né adultero né dissoluto né omicida né spogliatore né ladro né infine reo confesso di alcun crimine, ma che soltanto confessa l'appellativo di cristiano? Tu non giudichi, o Urbico, come si conviene all'imperatore Pio, né al filosofo, figlio di Cesare, né al sacro Senato".

11. Quello non replicò nulla, ma disse a Lucio: "Mi sembra che anche tu sia uno di questi". Poiché Lucio rispose "Certamente"!, ordinò che anch'egli fosse a sua volta condannato a morte.

12. Ed egli professava di essergli grato, conscio di essere liberato da simili malvagi padroni e di andare verso il Padre e re dei cieli.

13. Ancora un altro, un terzo, si presentò e fu condannato a morte.

Anch'io mi aspetto di essere confitto ad un palo...

III. – 1. Ed anch'io mi aspetto che si ordiscano insidie da parte di qualcuno dei magistrati, e di essere confitto a un palo, quanto meno da Crescente, che si compiace di strepito e di pompa.

2. Non merita infatti l'appellativo di filosofo chi su di noi attesta pubblicamente ciò che non conosce, accusando i cristiani di essere atei ed empi, e fa questo per ingraziarsi e compiacere la moltitudine fatua.

3. Infatti, se costui ci perseguita senza aver letto le dottrine di Cristo, è uno scellerato, molto peggiore degli ignoranti, i quali spesso si guardano bene dal discorrere di ciò che non conoscono e dall'attestare il falso; se invece le ha lette, non ne ha compreso la magnificenza o, se l'ha compresa, si comporta così per non essere sospettato di essere cristiano: allora è ancora più ignobile e scellerato, dal momento che si lascia attrarre da un'opinione irragionevole e sciocca, nonché dalla paura.

4. E desidero che anche voi sappiate che io, dopo avergli posto alcune precise questioni in merito, ho compreso che egli non sa veramente nulla: cosa della quale ho convinto anche lui.

5. A prova del fatto che dico la verità, sono pronto a

riproporre davanti a voi quelle questioni, se le nostre discussioni non vi sono state riferite: anche questo sarebbe compito non indegno di un imperatore.

6. Ma se già vi sono noti i miei quesiti e le sue risposte, allora vi è chiaro che egli non conosce nulla delle nostre dottrine; se invece le conosce, non osa (come invece fece Socrate) parlare per timore di chi l'ascolta: allora, come dissi sopra, si dimostra non amante del sapere, ma amante dell'opinione, incapace di apprezzare il bellissimo detto di Socrate: "Non si deve anteporre l'uomo alla verità".

7. Per un cinico che si pone come fine l'indifferenza, appunto.

Perché non ci diamo la morte

IV. – 1. Ma perché qualcuno non dica: "Uccidetevi tutti da voi stessi, andate subito presso Dio e non dateci più fastidio", vi dirò per quale causa non lo facciamo e per quale causa, interrogati, confessiamo senza paura.

2. Ci è stato insegnato che Dio ha creato il mondo non a caso, ma per il genere umano. Ed abbiamo già detto che Egli si compiace di quanti imitano le Sue virtù, e che invece è scontento di quanti abbracciano il male, nelle parole o negli atti.

3. Se dunque ci uccideremo tutti, diverremo colpevoli, per quanto dipende da noi, del fatto che nessuno sia più generato, né sia più ammaestrato nei divini insegnamenti e che non esista più genere umano: così facendo agiremmo anche noi contro la volontà divina.

4. Però, quando siamo interrogati, non neghiamo, perché siamo coscienti di non aver fatto nulla di male, anzi riteniamo empio non dire tutta la verità: sappiamo che questo è caro a Dio, e ora ci sforziamo di liberarvi anche da questa ingiusta e preconcetta convinzione.

I tormenti sono opera dei cattivi demoni

V. – 1. Se a qualcuno venisse in mente quest'altra obiezione: che, se Dio, come dichiariamo, è nostro soccorritore noi non dovremmo essere dominati e puniti da uomini ingiusti – come noi affermiamo – confuterò anche questa.

2. Dio, che ha creato l'universo ed ha subordinato agli uomini le cose terrene ed ha ordinato gli elementi del cielo per la crescita dei frutti e l'avvicendamento delle stagioni ed ha stabilito su di essi una legge divina – ed è chiaro che ha fatto tutto ciò per gli uomini –, affidò la cura degli uomini e di ciò che è sotto il cielo agli angeli che a tal fine stabilì.

3. Ma gli angeli, trasgredendo questo ordine, si diedero ad accoppiamenti con donne e generarono figli, che sono i cosiddetti demoni.

4. Inoltre, da allora si asservirono il genere umano, ora con scritture magiche, ora con terrori e supplizi inflitti, ora con l'istituzione di sacrifici e di profumi e di libagioni, di cui hanno bisogno dopo che hanno ceduto alle passioni dei sensi. E tra gli uomini hanno disseminato omicidi, guerre, adulteri, sfrenatezze ed ogni genere di male.

5. Di qui, poeti e mitologi, non sapendo che sono gli angeli ed i demoni nati da loro a compiere, contro

uomini e donne e città e popoli, le iniquità che raccontavano, le riferivano a Dio stesso ed a quelli che, secondo loro, sono i figli nati dal suo seme ed ai cosiddetti suoi fratelli, Poseidone Nettuno e Plutone, e parimenti ai loro figli.

6. E chiamarono ciascuno col nome che ogni angelo aveva imposto a sé ed ai suoi figli.

A Dio non si può dare un nome

VI. – 1. Ma non esiste un nome che si possa imporre al Padre dell'universo, dato che è ingenerato. Infatti qualunque nome, con cui lo si chiami, richiede un essere più antico che gli abbia imposto tale nome.

2. Le parole "padre" e "Dio" e "creatore" e "signore" e "padrone" non sono nomi, ma denominazioni derivate dai Suoi benefici e dalle Sue opere.

3. Il Figlio di Lui, il solo a buon diritto chiamato "Figlio", il Logos coesistente e generato prima della creazione, quando all'inizio per mezzo di Lui creò ed ordinò ogni cosa, è chiamato Cristo, perché è stato unto e perché Dio ha ordinato ogni cosa per mezzo di Lui; tale nome contiene anch'esso un significato sconosciuto, così come la parola "Dio" non è un nome, ma un'opinione, innata nella natura umana, di una entità ineffabile.

4. Gesù invece è un nome che ha il significato sia di "Uomo" sia di "Salvatore".

5. Infatti, come dicemmo, Egli divenne uomo, concepito per volere di Dio e Padre, per il bene degli uomini che credono in Lui e per la distruzione dei demoni. Anche ora potete persuadervene da quanto accade sotto gli occhi.

6. Infatti molti dei nostri, cioè dei cristiani, hanno

guarito, e tuttora guariscono, tanti indemoniati, in tutto il mondo e nella nostra stessa città, esorcizzandoli nel nome di Gesù Cristo, crocifisso sotto Ponzio Pilato, fiaccando e cacciando i demoni che li possiedono, mentre tutti gli altri esorcisti, incantatori e somministratori di filtri, non erano riusciti a guarirli.

Il dissolvimento del mondo è ritardato grazie ai cristiani

VII. – 1. Perciò Dio ritarda la catastrofe ed il dissolvimento di tutto il mondo, in modo che non esistano più angeli e demoni e uomini cattivi, proprio per il seme dei cristiani, che riconosce essere la causa della conservazione della natura.

2. Perché, se ciò non fosse, neppure a voi sarebbe possibile agire ancora così ed essere istigati dai cattivi demoni, ma si abbatterebbe il fuoco del giudizio e dissolverebbe ogni cosa indistintamente, come in antico fece il diluvio, che non risparmiò nessuno, eccetto un uomo solo, con i suoi cari, uomo chiamato da noi Noè, e da voi Deucalione: da lui sono rinati tanti uomini, in parte buoni, in parte cattivi.

3. In questo modo noi diciamo che avverrà la conflagrazione, non certo come gli Stoici, – vale a dire per l'assorbimento di tutti gli elementi l'uno nell'altro – il che sembra turpissimo; e neppure affermiamo che gli uomini fanno o subiscono gli eventi per destino, ma che ciascuno agisce bene o pecca per sua libera scelta. E' ancora per istigazione dei cattivi demoni che i virtuosi, come Socrate ed altri come lui, sono perseguitati ed imprigionati, mentre Sardanapalo ed Epicuro ed i loro simili sembrano vivere felici nell'abbondanza e nella gloria.

4. Non comprendendo questo, gli Stoici affermarono che tutto esisteva per necessità del fato.

5. Ma, poiché Dio al principio creò il genere sia degli angeli sia degli uomini arbitro di se stesso, secondo giustizia essi riceveranno nel fuoco eterno il supplizio delle colpe commesse.

6. E' proprio di ogni natura creata essere capace di male e di bene. Infatti nessuna sarebbe degna di lode, se non avesse anche la facoltà di volgersi verso l'uno o verso l'altro.

7. E lo dimostrano anche gli uomini – che ovunque legiferarono secondo retta ragione o si diedero alla filosofia – con il fatto che consigliarono di fare determinate cose e di astenersi da altre.

8. Anche gli Stoici, nella teoria della morale, tengono in grandissima stima proprio quelle prescrizioni, cosicché è evidente che essi sono fuori strada nella loro teoria dei principi e degli elementi incorporali.

9. Infatti, se diranno che tutte le azioni degli uomini avvengono per fatalità o che Dio non si distingue dalle cose mutevoli, varie ed eternamente dissolventesi le une nelle altre, apparirà chiaro che essi possiedono solo il concetto di corruttibile, e che Dio stesso, nelle parti e nel tutto, esiste solo nella corruzione; oppure che male e bene sono concetti vani: ma questo va contro ogni assennato intelletto, ragione e spirito.

Il seme del Logos, innato in ognuno

VIII. – 1. Sappiamo che sono stati odiati ed uccisi anche i seguaci della dottrina stoica – come, per qualche verso, anche i poeti – almeno quando si sono mostrati moderati nel tema dell'etica, grazie al seme del Logos che è innato in ogni stirpe umana: ad esempio, Eraclito, come abbiamo detto, e, ai nostri tempi, Musonio ed altri.

2. Come infatti abbiamo mostrato, i demoni hanno sempre operato in modo che fossero odiati quanti, in qualunque modo, si sforzano di vivere secondo il Logos e di fuggire il male.

3. Nessuna meraviglia se i demoni, una volta rivelati colpevoli, ancora di più si sforzano affinché siano odiati coloro che vivono non secondo un frammento del Logos sparso in tutti, ma secondo la conoscenza e la contemplazione di tutto il Logos, che è Cristo. Ma essi, imprigionati nell'eterno fuoco, riporteranno la giusta punizione e la giusta pena.

4. Se già ora sono sconfitti dagli uomini nel nome di Gesù Cristo, questa è la dimostrazione della punizione futura che subiranno nel fuoco eterno, essi e i loro cultori: così anche tutti i profeti predissero, e così il nostro maestro, Gesù, ci insegnò.

La pena eterna non è uno spauracchio

IX. – 1. Affinché nessuno riprenda l'affermazione dei cosiddetti filosofi, per i quali sono parole a vanvera e spauracchi le nostre teorie secondo cui gli ingiusti sono puniti nel fuoco eterno (per costoro, noi esorteremmo gli uomini a vivere virtuosamente, servendoci della paura, e non della bellezza ed amabilità della cosa in sé), risponderemo brevemente anche a questa obiezione. Se non è così, o Dio non esiste, o, se esiste, non si cura degli uomini, e la virtù ed il vizio sono parole vane. In questo caso, come dicemmo, a torto i legislatori puniscono quanti violano i buoni ordinamenti.

2. Ma poiché non sono ingiusti né loro né il loro Padre, che ci insegna ad agire ad imitazione Sua per mezzo del Logos, non sono ingiusti coloro che vi si conformano.

3. Se qualcuno poi accampa la diversità delle leggi degli uomini – dicendo che presso alcuni uomini questo è giudicato buono e quello cattivo e che presso altri uomini ciò che per quelli è cattivo vien ritenuto buono e quello che è buono cattivo –, ascolti anche quanto noi diciamo a questo proposito.

4. Sappiamo che gli angeli cattivi disposero leggi conformi alla loro iniquità e che gli uomini simili a loro se ne compiacciono; ma la retta ragione

sopravviene a dimostrare che non tutte le opinioni né tutte le dottrine sono buone, ma che le une sono cattive, le altre buone. Pertanto io a costoro presenterò queste e simili argomentazioni; e sono anche disposto ad ampliarle, qualora ve ne sia bisogno.

5. Per ora ritorno al mio argomento.

Noi possediamo il Logos totale

X – 1. La nostra dottrina dunque appare più splendida di ogni dottrina umana, perché per noi si è manifestato il Logos totale, Cristo, apparso per noi in corpo, mente, anima.

2. Infatti tutto ciò che rettamente enunciarono e trovarono via via filosofi e legislatori, in loro è frutto di ricerca e speculazione, grazie ad una parte di Logos.

3. Ma poiché non conobbero il Logos nella sua interezza, che è Cristo, spesso si sono anche contraddetti.

4. Quelli che vissero prima di Cristo e si sforzarono di investigare e di indagare le cose con la ragione, secondo le possibilità umane, furono trascinati dinanzi ai tribunali come empi e troppo curiosi. Colui che più di ogni altro tendeva a questo, Socrate, fu accusato delle stesse colpe che si imputano a noi: infatti dissero che egli introduceva nuove divinità, e che non credeva negli dèi che la città riteneva come tali.

5. Invece egli insegnò agli uomini a rinnegare i demoni malvagi, autori delle empietà narrate dai poeti, facendo bandire dalla repubblica sia Omero sia gli altri poeti; cercava anche di spingerli alla conoscenza del Dio a loro ignoto, attraverso la ricerca

razionale. Diceva: "Non è facile trovare il Padre e creatore dell'universo, né è sicuro che chi l'ha trovato lo riveli a tutti".

6. Questo è quanto fece il nostro Cristo con la Sua potenza. Infatti a Socrate nessuno credette fino al punto di morire per questa dottrina. A Cristo invece, conosciuto, almeno in parte, anche da Socrate (Egli infatti era ed è il Logos che è in ogni cosa, che ha predetto il futuro per mezzo dei Profeti e per mezzo di se stesso, che si è fatto come noi ed ha insegnato questa verità), credettero non solo i filosofi e dotti, ma anche operai e uomini assolutamente ignoranti, che sprezzarono i giudizi altrui, la paura, la morte. Poiché è potenza del Padre ineffabile e non costruzione di umana ragione.

Siamo lieti di pagare il nostro debito

XI. – 1. Né noi saremmo uccisi né gli uomini ingiusti e i demoni avrebbero la meglio su di noi, se ogni uomo generato non fosse comunque debitore della morte; perciò siamo lieti di pagare il nostro debito.

2. Pertanto riteniamo bello ed opportuno riferire a Crescente, ed a quanti come lui delirano, l'episodio narrato da Senofonte.

3. Narrò Senofonte che Eracle, giunto a un trivio, incontrò la virtù e il vizio, apparsi sotto forma di donne.

4. Il vizio, in molle veste, con volto seducente e fiorente, dagli occhi subito ammaliatori, disse ad Eracle che, se l'avesse seguito, gli avrebbe procurato una vita sempre felice e adorna di sfarzo splendidissimo, simile al suo.

5. La virtù invece, di squallido aspetto e in squallide vesti, disse: "Se tu mi darai ascolto, ti ornerai non di ornamenti e di bellezza caduchi o corruttibili, ma di ornamenti eterni e belli".

6. Noi siamo assolutamente convinti che, chiunque fugga ciò che apparentemente è bello e persegua ciò che è reputato aspro ed assurdo, ottiene in cambio la felicità.

7. Il vizio infatti, ponendo, a copertura delle proprie

azioni, le qualità delle virtù e ciò che è vero bene, tramite l'imitazione delle cose incorruttibili (in realtà esso non ne ha né può fare alcunché di incorruttibile), soggioga gli uomini proni a terra, assegnando alla virtù le proprie inique qualità.

8. Ma quelli che hanno capito il vero bene, sono anche incorruttibili per la virtù. Questo bisogna che comprenda ogni persona che ragioni, riguardo ai cristiani, agli atleti ed a quanti compirono quelle azioni che i poeti narrarono a proposito dei falsi dèi: questa è la conclusione che si deve trarre dal nostro disprezzo della morte a cui tutti cercano di sfuggire.

L'approdo al cristianesimo

XII. – 1. Infatti io stesso, che mi ritenevo soddisfatto delle dottrine di Platone, sentendo che i cristiani erano accusati ma vedendoli impavidi dinanzi alla morte ed a tutti i tormenti ritenuti terribili, mi convincevo che era impossibile che essi vivessero nel vizio e nella concupiscenza.

2. Infatti quale uomo libidinoso o intemperante o che reputi un bene il cibarsi di carne umana potrebbe abbracciare la morte, per essere privato di questi suoi beni, e non cercherebbe invece di vivere sempre la vita di quaggiù e di sfuggire ai magistrati, anziché autodenunciarsi per essere ucciso?

3. Ormai anche a questo i cattivi demoni sono giunti, con la collaborazione di alcuni uomini malvagi.

4. Essi infatti, per mandare a morte alcuni di noi sulla base di false accuse, trascinano negli interrogatori i nostri servi, o fanciulli o donnicciole, e fra tormenti spaventosi li costringono ad accusarsi di quelle nefandezze di loro invenzione, proprio di quelle che essi apertamente commettono. Ma poiché non ci riguardano, non le teniamo in alcun conto, avendo Dio, ingenerato ed ineffabile, come testimone sia dei nostri pensieri sia delle nostre azioni.

5. Che cosa ci impedisce di confessare pubblicamente che anche queste azioni sono oneste, e di dimostrare

che sono una filosofia divina, sostenendo che noi celebriamo i misteri di Cronos, se uccidiamo uomini e ci saziamo di sangue (come si dice), esattamente come avviene per l'idolo da voi onorato, che aspergete del sangue non solo di animali, ma anche di uomini, voi che, attraverso la persona più insigne e più nobile, fate l'aspersione del sangue di uomini immolati? Perché non imitiamo Zeus e gli altri dèi nello stuprare fanciulli e nel congiungerci impunemente con donne, adducendo a giustificazione gli scritti di Epicuro e dei poeti?

6. Poiché, al contrario, ci sforziamo di persuadere a fuggire simili dottrine e quanti le praticano, insieme con i loro imitatori – come anche adesso abbiamo tentato di fare con questi discorsi –, in tutti i modi ci si fa guerra. Ma noi non ce ne curiamo, poiché sappiamo che Dio è giusto osservatore di tutto.

7. Oh, se ci fosse anche adesso qualcuno che salisse su un alto palco e gridasse con voce di tragèda: "Vergognatevi, vergognatevi di addossare ad innocenti ciò che voi fate impunemente, e di attribuire le azioni vostre e dei vostri dèi a costoro, che non ne sono nemmeno minimamente partecipi. Pentitevi, rinsavite".

Mi vanto di essere cristiano!

XIII. – 1. Io allora, resomi conto che un velo di menzogna era disteso dai cattivi demoni sulle divine dottrine dei cristiani per traviare gli altri uomini, mi risi sia di chi diffondeva tali menzogne, sia di questo falso velo, sia dell'opinione dei più.

2. Io confesso di vantarmi e di combattere decisamente per essere trovato cristiano, non perché le dottrine di Platone siano diverse da quelle di Cristo, ma perché non sono del tutto simili, così come quelle degli altri, Stoici e poeti e scrittori.

3. Ciascuno infatti, percependo in parte ciò che è congenito al Logos divino sparso nel tutto, formulò teorie corrette; essi però, contraddicendosi su argomenti di maggior importanza, dimostrano di aver posseduto una scienza non sicura ed una conoscenza non inconfutabile.

4. Dunque ciò che di buono è stato espresso da chiunque, appartiene a noi cristiani. Infatti noi adoriamo ed amiamo, dopo Dio, il Logos che è da Dio non generato ed ineffabile, poiché Egli per noi si è fatto uomo affinché, divenuto partecipe delle nostre infermità, le potesse anche guarire.

5. Tutti gli scrittori, attraverso il seme innato del Logos, poterono oscuramente vedere la realtà. Ma una cosa è un seme ed un'imitazione concessa per

quanto è possibile, un'altra è la cosa in sé, di cui, per sua grazia, si hanno la partecipazione e l'imitazione.

Apponete il sigillo...

XIV. – 1. Vi preghiamo dunque di apporre il sigillo dell'ufficialità a questo libretto, sottoscrivendo ciò che vi pare valido, affinché anche gli altri conoscano quanto ci riguarda e possano liberarsi dalle false opinioni e dall'ignoranza del bene.

2. Essi sono soggetti ai castighi per colpa propria; primo, perché è insita nella natura umana la capacità di conoscere il bene e il male; poi, perché condannano noi, mentre non ci conoscono, di commettere quelle turpitudini che dicono; ed infine perché si compiacciono di dèi che commisero azioni del genere, ed anche ora ne richiedono di simili agli uomini: cosicché, con il condannare noi, come se fossimo rèi di tali delitti, a morte, al carcere o ad atre simili pene, condannano se stessi e non hanno bisogno di altri giudici.

... perché chi legge possa convertirsi

XV. – 1. Disprezzai, tra il mio popolo, anche la dottrina empia ed ingannatrice di Simone.

2. Se voi apporrete la vostra firma a questo libretto, noi lo faremo conoscere a tutti, affinché, se possibile, siano indotti a mutare.

3. Solo a questo scopo abbiamo composto questi discorsi. Le nostre dottrine, secondo un giudizio assennato, non sono turpi; anzi sono superiori a qualunque filosofia umana; quanto meno, non sono certo simili alle dottrine di Sotade e di Filenide e di Archestrate e di Epicuro od alle altre opere poetiche di tal genere, rappresentate e scritte, di cui a tutti è dato di venire a conoscenza.

4. Ma ormai termineremo, avendo fatto quanto era in noi, e con la preghiera che tutti gli uomini, nella loro totalità, siano resi meritevoli della verità. Voglia il cielo, dunque, che anche voi giudichiate, nel vostro interesse, in modo giusto, conforme a pietà e ad amore della sapienza!

Indice generale

Cerca gli altri classici della Christianita' su:
LIMOVIA.NET

GRAZIE!